佛教故事大全

忍进·智愚篇

Buddhist Stories

慈庄法师等编著

人民东方出版传媒

东方出版社

图书在版编目（CIP）数据

佛教故事大全. 忍进·智愚篇／慈庄法师 等编著. —北京：东方出版社，2014.4
ISBN 978-7-5060-7398-1

Ⅰ. ①佛…　Ⅱ. ①慈…　Ⅲ. ①佛教—通俗读物　Ⅳ. ①B94-49

中国版本图书馆 CIP 数据核字（2014）第 066822 号

佛教故事大全：忍进·智愚篇

（FOJIAO GUSHI DAQUAN：RENJIN·ZHIYUPIAN）

作　者： 慈庄法师 等
责任编辑： 贺　方　王　萌
出　版： 东方出版社
发　行： 人民东方出版传媒有限公司
地　址： 北京市西城区北三环中路 6 号
邮　编： 100120
印　刷： 北京文昌阁彩色印刷有限责任公司
版　次： 2014 年 8 月第 1 版
印　次： 2021 年 6 月第 3 次印刷
开　本： 880 毫米×1230 毫米　1/32
印　张： 7.75
字　数： 150 千字
书　号： ISBN 978-7-5060-7398-1
定　价： 38.00 元
发行电话： （010）85924663　85924644　85924641

版权所有，违者必究

如有印装质量问题，我社负责调换，请拨打电话：（010）85924602　85924603

目 录

序

星云

"法师！佛教里哪一本书，我们才看得懂呢？"

这一句话，我行脚在各地，常常听到有人问我。说来真惭愧，对于这么一个简单的问题，我竟然不知怎样回答才好。

《大藏经》九千余卷，名词、文句、义理，都不是一个初学佛法者所容易探求的。在现在佛教出版界中，佛教大众化的读物，实在太少了。初学者的信心是虔诚的，初学者的智心是空虚的，为了要把佛法给大众普遍接受，《佛教故事大全》确是大家看得懂的一部书。

记得十年前，我应某地佛教会之请，在市区中心每周作一次佛法演讲，时间定为每次两小时。在这两小时的演讲中，如果半小时还不穿插一个故事，听众就会逐渐减少；但一讲到故事，听众又会逐渐增多。那时，我就深深觉得故事吸引人有莫大的力量！

本来，翻开佛经，大都是故事体裁，像《阿含经》、《经律异相》等，可以说大都是佛陀和弟子之间的片断故事；就是大乘经典，如《大宝积经》、《华严经》、《维摩经》等，其文体也都是最生动的故事！把佛陀的言行，结集为经，成为故事的体裁，由此我们可以了解到佛陀度世的苦心。《佛教故事大全》的编著，可以说是体会佛心，适应大众需要的一部通俗的读物。

佛法，不容否认的，其艰深之处，皆因系阐扬宇宙人生的抽象的哲理，为了给大家接受，这需要具体的故事帮助说明。我平时讲法给人听，或是听人讲，每讲到难以给听众明了的地方，引用一个简短的故事，比喻说明，总会获得大家一个会心的微笑。可见故事比空洞的哲理，使大家容易铭记于心。佛法的宗要，也主张事理圆融。

《佛教故事大全》是由慈庄、慈惠、慈容、慈莲、慈嘉等所编著的。慈庄和觉珍、慈宜等主持佛教文化服务处，慈莲是儿童班的教师，慈惠、慈容、慈嘉系幼儿园老师。两年之内，在她们教课的余暇，能把这五十余万字的巨著完成，是一件非常辛苦的事。她们都是二三十岁的女青年，能有这么大的热心毅力，研读佛经，著文宣扬，可以说，佛教青年在佛教史上写下了光辉的一页！

《佛教故事大全》计有故事四百余篇，她们写好后，交给我审阅，我细读一遍，觉得这些故事，有的是依佛经改写的，有的是搜集各书刊上发表过的加以重编的。内容可说都非常忠实于佛典，但在情节上表达得还有不足的地方，而且，佛经中的故事仍多，也不止这四百余篇。虽然如此，但这已经是一部内容丰富、叙述简明的大众读物了。

本书依其内容性质，装订成册，分为十篇：

一、供施篇　二、因果篇　三、信修篇　四、悔愿篇

五、忍进篇　六、智愚篇　七、苦空篇　八、本生篇

九、弟子篇　十、警语篇

像这样的分法，便于给弘法布教者参考，但并不一定确当，例如在供施、因果等篇中，好多篇是本生谭，而并未完全收进本生篇中。又如一个故事，内中讲到供养、布施，可是又涉到忏悔、发愿，所以本书分类，只是一个大概的划分，这应该在此告诉读者。

在佛教徒偏重信仰修持而不重视智慧理解的今日，出版一部一千数百余页的书，是一件为法牺牲的精神。不过，我希望读者能从本书中体解大道，长养信心，把书中的故事广为宣扬，自觉觉人，功德无量！

1961 年 1 月 15 日写在宜兰念佛会

【忍进篇】

云何修行忍门？

所谓应忍他人之恼，

心不怀报，

亦当忍于

利衰毁誉称讥苦乐等法故。

——《大乘起信论》

长生童子

有一次，佛陀在俱睒弥的地方说法的时候，弟子群中发生很强烈的争执，争执的人互不相让，佛陀就集合大众说教道：

"你们不要诤，用诤来止诤是不能止的，唯有能忍才能止诤。我希望你们都要尊重忍的德行。

"过去侨萨弥国有一位国王，名叫长寿王，他的邻国波罗奈国的大王名叫梵豫王。有一天，梵豫王率领大军侵犯侨萨弥国，长寿王也就领兵抵抗梵豫王。结果长寿王生擒活捉到梵豫王，而长寿王不但没有杀害梵豫王，他反而把他释放，并对他说：'你的生死操在我的手中，我赦免你，你从今以后可不要再兴起战争。'梵豫王当时也很欢喜地叩谢，但他逃回国不久，又兴起大军要前来报仇雪恨。

"长寿王心中就这样想：'我虽然能够战胜他，但他不服输，我再战胜他，并不是难事，但是他的心中永远不服，而且战争是恶的行为。我要胜他，他也要胜我，我要加害他，他也要加害我。他为着要侵吞我的国土，使他和我的民众受苦，这是多么不值得呢？他既是要我的国，那么我让给他，不要战争，不要让我们的百姓受苦。'长寿王有这样的想法，他就叫大臣把国事交给梵豫王管理，自己带领王后太子坐着车子，走向别的王城，隐藏起自己的身份。

"长寿王把国事让给梵豫王以后，他和王后太子反而到梵豫王的国境之中生活。他改名换姓，穿起平民的服装，研究学问，学习技能，遍走各大都市，和颜悦色地用音乐舞蹈慰劳各地民众，把自己的太子寄给别人养育。

"后来，梵豫王得悉情报，知道长寿王改名换姓潜在自己的城中，他即刻下令把长寿王逮捕。一般民众看到长寿王被捕都悲泣不能成声。长寿王的太子名叫长生童子，寄养在别处，聪明伶俐，通达百艺，闻悉父王被捕，他化装成樵夫，前来探望父王。长寿王见到自己的孩子，像没有发生什么似的对他说道：'忍！忍！这就是孝道！不能结怨的因果，要紧的是行慈悲的大愿。含凶、怀毒、结恨、惹怨，种下万载的祸根，这不是我的孝子。你应该知道诸佛的慈悲，包容天地，怨亲都是平等。我寻道问真，舍身救众，尚且怕不能获得孝道，假若你来为我结怨报仇，行着与我相违的道，我无论怎样也不能准许你有如此的存心。你要记好我的话，你应该做我的孝子。'

"长生童子知道父亲的心，不忍见父亲无辜地死去，他就逃入一座森林中躲避灾难。

"波罗奈国全国的士绅豪族都很同情长寿王，希望能免去他无辜的罪。而梵豫王知道长寿王的人望，心中非常恐惧，因此他想到除去祸根，就下令把长寿王斩首。

"长生童子知道父亲被害以后，在夜半的时候，偷偷地前

4

来收尸，用香木藏着遗体，恳切至诚地为父亲祈祷冥福。

"梵豫王知道长寿王有一位太子名叫长生童子，他恐惧长生童子前来报仇，满怀着怖畏的心，不能安眠，严厉地下令缉拿长生童子。

"长生童子后来改姓化名进入迦尸城，成为一位有名的伎乐圣手，贵族豪门都很宠爱他。有一天，梵豫王看到时，王也很欢喜，就命他进宫侍奉左右，梵豫王很信任长生童子，护身的刀都交给长生童子执拿。

"有一次，梵豫王出猎于山中，迷失路途，他和随从都失联络，跟随在身边的只有长生童子。梵豫王寻找路途，寻找很久还不能寻到出路，他疲倦的时候就枕在长生童子的膝上闭目休息。

"长生童子就在这个时候心下想道：'这个恶王是一个无道的昏君，他杀害我无罪的父亲，夺去我父王的国土，现在，他的生命在我的手中，真是天给我的方便，这正是给我报仇雪恨的千载难逢的机会。'

"长生童子这么想后，他就拔刀想杀梵豫王，但是就在这一刹那，他记起父亲的遗训，他又把刀插进鞘中。此刻梵豫王已被惊醒，他对长生童子说道：'啊！可怕！可怕！我在睡梦之中，恍惚见到长生童子来此报仇，他用刀砍去我的头。'

"长生童子听梵豫王说后，慢言慢语地说道：'大王！你不要恐惧，我就是长生童子！老实告诉你，当你在睡着的时候，我是想报仇的，但记起父亲的遗训，我又把刀收进鞘中了。'

"梵豫王急忙地问道：'你的父亲有什么遗训呢?'

"长生童子把他父亲的遗训又说一次道：'忍！忍！这就是孝，不要结怨的因果，怀着毒恨的心是万载祸患的根源！'

"梵豫王像没有听懂似的问长生童子道：'忍！忍！这是我知道的，但怀毒是万载祸患的根源是什么意思呢?'

"长生童子回答说：'我杀大王，大王的臣子必定要杀我，我的臣子也必定要杀大王的臣子，这样杀来杀去，永远是轮转不止。若我原谅大王，大王原谅我，忍才是除祸根之源。'

"梵豫王听后，万分地感激，他懊悔得喃喃自语道：'我杀了圣者，我罪该万死！'他告诉长生童子，他此刻衷心地愿意把国家全让给他，但长生童子却很谦虚又庄重地说道：'大王的本国，是属于大王所有的，我父亲的国土你归还给我好了。'

"梵豫王和长生童子就一起寻路回城。

"路上很多梵豫王的大臣迎来，梵豫王向他们试探似的问道：'我问你们，假若你们相逢到长生童子的时候，怎么对付他?'

"这些大臣，都一个个地回答说：'砍他的手!''断他的头!''送他的命!'

"梵豫王指着身边的长生童子说道：'这就是长生童子。'

"大臣们非常惊奇，一个个都剑拔弩张，准备杀害长生童子。

"'不要动手!'梵豫王遏阻着，他把长生童子以德报怨的话一一讲给大臣们听，大臣们都很感动，梵豫王并吩咐以后无论是谁，不准对长生童子再怀恶意。

大臣们很是悦服，回城进宫以后，梵豫王请长生童子香汤沐浴，以王者的服装为他穿戴，让出自己的宫殿，请长生童子坐在自己的金床之上，最后把自己的女儿许给长生童子为妻，派了很多的军队车马，护送长生童子回国。

诸比丘！你们听了此事，不知心中作何感想？侨萨弥国的国王长寿王，自己行忍辱，具有大慈悲的心，施恩惠给他的仇人，你们应该也这样去用功。你们以真心的信仰，背井离乡，割爱辞亲，为探讨宇宙的真理，求证人生的实相，你们就应该要行忍辱，赞叹忍辱，行慈悲，赞叹慈悲，将恩惠布施一切众生，宇宙中的实相是一体的，不应该有你我的争执！"

小沙弥的戒行

印度的安陀国，有一个年轻的小沙弥，每天他都和师父出外去托钵乞食。小沙弥年纪虽轻，但他有高尚的志愿，他能守着淡泊的生活，他的戒行是清净的，他的威仪是庄严的。

一次，他师父不在家，因此，他就一个人独自去乞食。他走到每天经过的街道，看见一个姑娘在门边站着，这个小姑娘是等他来乞食的，这是每天的惯例。

今天，他又到了这一家，正巧，这人家的父母亲都出外不在家。姑娘平日对小沙弥是恭敬的，但因为小沙弥的仪容英俊异常，渐渐地由敬生爱了，她独自恋慕了小沙弥已经很久了。

父母不在家，姑娘的胆壮了，这时她的感情已到了不能控制矜持的时候了，她先很有礼貌地请小沙弥进屋里，后来，她就向小沙弥展开爱情的攻势，她用甜言蜜语来挑逗他，再之是用手抚摸他，她想诱惑他投进她的怀抱。

心性纯洁的小沙弥，知道少女的企图后，他就坚定主张，不为这花容月貌所动摇，他想他是已经受过沙弥十戒的佛弟子了，为了佛法，他不能毁去戒体。他就不理睬她，但不理睬她不行。最后，实在给这位姑娘纠缠不过，姑娘把小沙弥关在房中，不让他出来。他本想严厉地呵斥她，使她断了念头，但年轻的小沙弥，又怕会因此伤害了她的自尊心。他想，为了护教，为了持戒，为了不愿用喝骂来使她难堪，还是死了吧！

小沙弥见到桌上一把剃刀，他就拿起来自刎死了。

出乎姑娘的意料。她看见小沙弥自杀死了，她花容失色，情爱欲念也息下了。她惊慌失措，不知怎么办才好，既懊悔，又难过。

不久，她父母亲回来了，姑娘心里苦恼极了；觉得很对不起小沙弥，看见父母回来，她就一五一十地将实情说与父母知道，她的父母亲听了，对小沙弥的德行敬佩得五体投地，觉得他的死，实在太冤枉太可惜了。虽然是自己女儿犯的罪，但他们还是去报告官府了。

在当时印度的法律，有这样的规定：人犯了罪，可以用钱去赎，就能免刑了。她的父母把钱送到官府去报告，国王知道了这件事，受了很大的感动，他想小沙弥清高的人格、品德，实在需要表扬，才不埋没及辜负他的修行。

国王就告诉姑娘的父母说，要她化妆去游行四城门。父母就把这意思告知姑娘，姑娘为了表示对小沙弥的忏悔，她就很愿意承担。她说她很对不起小沙弥，为了她的不良行为，害死清净的修行者，如果她能做些对他以及对佛教有利益的事情的话，无论怎样困难，也乐意做的。

姑娘打扮装饰得非常好看，游行于四城门的街道上，让人知道像这样美丽动人的姑娘，并不能打动年纪轻轻学道未久的小沙弥，使人们对小沙弥的德行，生起崇高的敬服。持戒，实在是能光大佛教的法门！

乌龟的嗔心

为人处世，忍辱第一，能忍的人才不起嗔心，没有嗔心，才会生起智慧，有智慧才不会失败。

很多年前，印度阿练若池的岸边上，长着许多茂密的芦苇草，里面住着两只雁鸟，它们和这池中的乌龟，成为莫逆之交。

后来，因天久未下雨，池水干涸，乌龟非常着急，实在不能再支持下去了。岸上草丛中的两只雁鸟，见了也很同情乌龟的遭遇，想帮忙它迁移到另一有水的地方去。

最后，它们利用一根树枝，教乌龟紧衔在口中，两只雁便各执一端，并嘱咐乌龟，在未达到目的地时，千万不可讲话。乌龟求水心切，很乖巧地听从了它们所指示的方法而行。

于是，它们向高空飞行着。正当经过一个村庄的上空时，忽然被一群孩童看见了，他们很惊讶地望着高空，大声喊道："龟被雁衔去了，大家来看呀！"

乌龟在上空，听到下面孩童的喊叫，认为侮辱了它，心中生起嗔怒之火，就厉声骂道："我这样与你们有什么关系？"

正当说话时，乌龟的嘴巴一松，突然从高空中跌下摔在坚硬的石头上，粉身碎骨，自取灭亡。

不能忍耐的乌龟，被嗔恚毒害，断送了它宝贵的生命！

蛇头和蛇尾

茂盛的森林里，有一条丈余长的蛇，每天在森林中，自由自在地到处游览，可是有一天，蛇头和蛇尾争论起来。蛇尾就说道："你那么自大，每次都走在我的前面，随你的自由要往东往西，我只有跟在后面，这太不公平了。"

听蛇尾的怨言，蛇头也反驳道："这是天经地义的道理，我有眼睛，有嘴巴，当然要走在前面，不然没有眼睛怎么走路？"

"我才不听你的道理。"蛇尾又说道，"如果不是我尾巴的摆动，你怎么可以向前走呢？"

蛇头也不认输地说道："哪儿的话，我要往哪里走，这是我的权力，你奈何不了我！"

蛇头的骄傲自大，使蛇尾非常气愤。刚好，旁边有一棵树，蛇尾就在树干上，绕了三匝，无论蛇头怎样用力，他还是牢牢不放。这样经过三天以后，这条蛇饿得不得了，蛇头无可奈何地说道："算了！算了！我不再同你争先了，你放下来吧！让你先走好了。"

蛇尾很威风地大摇大摆地向前走，可是蛇尾没有眼睛，不知道前面的危险，结果堕入坑中，在坑中不久就饿死了。

这就是他们不能互助合作，不能各守本分，不能互相忍耐，才有同入火坑的灾祸。

殉难的精神

从前，在印度，有一座广大茂密的森林，林中有千千万万的飞禽走兽住着，这是动物的世界，它们一代一代地繁殖着。

春天，树叶儿抽出嫩芽，百花儿放出芬芳的香味，鸟儿们带着它们的孩子出来学飞，走兽们也带着它们的孩子出来学走，像乐土似的森林，洋溢着和谐和欢乐。

有一天，这森林中忽然起火，鸟兽们飞的飞，逃的逃，一片混乱哀号。那火焰更如蛇舌，飞蜷地遍烧着，火光冲天，火焰猛烈。

这时候，林中有一只山鸡，在火林与河水之间来回不休地飞着，原来它把毛羽沾些水渍，再飞回林中，希望以水灭火，猛烈广大的火，哪里能以少量的水熄灭呢？但是山鸡仍然来回做着，好像没有感到疲劳困倦。

天帝释看到这情形，问道："山鸡呀！你在做什么呢？"

"我在救这森林的大火！"

"算了吧！不要愚痴，以你这样微弱的力量，怎能熄灭火焰，拯救此林呢？你自己能逃出来，不就已经是很幸运了吗？"

山鸡很不以为然地说道："这森林是养育我的地方，有我无数的亲戚朋友，它们的家，它们的孩子，都依赖此林安居生活，我有力量，我怎么可以见难不救？我怎么可以袖手旁观呢？我不能自私懈怠！我要救火！"

"那么，以你微弱的力量，到什么时候才能把火熄灭呢？"

"到死为止！"山鸡毫不犹豫地回答。

天帝释闻言，很是惊讶！又很佩服！

净居天王也知道山鸡的宏誓悲愿，因而代为把森林中的大火熄灭。

无论是秋风冬雪，这座森林后来永远像春天的蔚茂生气，飞禽走兽们，仍然一代一代繁荣着，不再为火燃烧。

有着菩萨精神的山鸡，永远给这座森林的禽兽子孙们怀念着。

明知不可为而为的殉道决心，真是伟大！大家都能有鞠躬尽瘁、死而后已的精神，就是能成就佛道的明证！

蜂王警睡魔

过去，当一切度王佛住世的时候，有两个莫逆之交的青年男子，来到一切度王佛面前，顶礼哀求道："佛陀！我俩感到人生短暂，痛苦无常，欲趁早修学圣道，唯恐老之将至，衰弱不能修行，但不知修道正法，请佛陀慈悲教示正法之道。"

一切度王佛，见来者心意诚恳，遂为他们落发皈依，取法名一者为精进辩，一者为德乐止。

他们得到一切度王佛的慈爱教诲后，一日辞别如来，到一个清净幽美的山林，息心耐苦地修行。

山中的燕子去还来，树上的花儿开又谢。精进辩和德乐止的修行，渐渐分出差异。

精进辩的性情爽直，意志坚强，天赋聪慧，对如来的教诲能精进不懈。然而德乐止却不同，起初仍能认真修学，后来渐渐生厌，终于懈怠下来，意志消沉，性情好闲，尤其喜欢睡眠，天大的事情来了，只要有得睡眠，什么也懒得去理。而且，成日整夜，都沉睡在梦乡中，简直变成了一个大睡魔。精进辩看来，多么不安！

为了友谊上的关系，精进辩给他种种劝谏和鼓励，德乐

止仍然一样，本性难改。精进辩无法可施，只得自己警觉加功修持。

春风秋雨，日出月落，精进辩的一心修道，随着日子增进，他获证阿罗汉果，具足六种神通力。可是，德乐止还是未了生死的凡夫，罕见的睡魔。

春天，和风吹醒着花儿开放，叶儿嫩绿，但是，更吹得德乐止游闲酣睡。

精进辩运用神通力，变作一只很大的蜂王，振翅飞起，从他的宽大袖口进入他的肚皮，便在绵软的肚皮上，深深地刺了一针。正睡得甜蜜的德乐止，一痛惊醒，睁眼察看，一只蜂王，从他的袖口飞出，嗡的一声穿过他的面前飞去，要捉捉不到，要打打不着。过一会，痛消气过，又昏沉了，望一下四周，放下一切准备再睡。

可是，当他的眼睛刚闭起，耳边又嗡嗡嗡地响起，忙张开眼，蜂王又在他的四周盘旋，于是，不敢再睡，聚精会神地注视着提防着。

蜂王却很乖巧，看他已睡不下去，打了几个转，即飞落在不远的莲花池上，一面饮着花上残存的朝露，一面静静地在休息。

德乐止看蜂王在花上不动，仍不敢忽略地注视着蜂王的动态。蜂王装着在花上打瞌睡，忽然一阵风吹来，被吹落在泥中，忙展翅飞起，到水面上洗濯污秽后，再飞回花上。

看到蜂王弄得一身污泥的德乐止，不禁心花怒放，发出幸灾乐祸的欢笑，继而若有所悟地发出似慈悲又似讥讽的心声，说道："清净的甘露法水，能使此身凉爽安稳，怎么不分些余味给众生？贪睡眠而堕落泥水，污秽了本性，如是长久颠倒堕落，怎能饮得甘露法味呢？"

蜂王听来，知道德乐止有些觉悟了，暗暗欢喜。于是，借着清风的传达，也高声说道："像甘露的无上佛道，百听不厌，哪能懈怠？昏沉酣睡，如堕污泥，若非精进，哪能再饮甘露？莫迟疑，要能警觉方能成道觅菩提。"

德乐止听罢，方知是已证道果的师兄的示现，心中豁然有感，大发惭愧心，勇猛精进，不久也证得阿罗汉果。

观机逗教

有一次，目犍连尊者收了两个弟子，他们都跟目犍连尊者修行很久了，但未曾开悟过。有一天，舍利弗尊者就对目犍连说："你的那两位弟子有没有开悟？"

"唉！别提了，修学了这许多日子，不知什么缘故，到今天还没悟过一次！"

"那真是可怜！究竟你给他们教了些什么呢？"

目犍连闻言，遗憾似的说道："一个教他作不净观，离开执着；一个教他作数息观，统一精神。但是，一些效果也没有！"

舍利弗又问道："那么，这两个人从前是干什么行业的呢？"

"修不净观的那个，过去是干银匠的；学数息观的那个，以前是洗衣匠。"

舍利弗听了目犍连的话后，暗自一想："目犍连真是不会观机，不会认识人，洗衣匠教他数息观，银匠却教他不净观，当然又怎能叫他们理解得了呢？这简直不大对劲嘛！"

于是，舍利弗说道："你因为不曾因人说法，所以才白费苦心，终也不能见效。干银匠的他终日拉着风箱，如果教他数息观，那是最恰当没有了。洗衣匠终日替人洗濯肮脏的衣物，如果教他不净观，不就很适当吗？你的教法颠倒了，就是教他们一辈子也不会开悟呀！"

目犍连听了舍利弗的忠告，觉得很有理，便立刻照他的话，命银匠修数息观，又教洗衣匠修不净观。果然，这两位弟子，都各自精勤修习，不久便证了阿罗汉果，解脱生死烦恼。

歌利王的凶恶

有一次佛陀在般若会上，他知道须菩提离开了人我的执着，但大慈大悲的佛陀，仍然苦口婆心引出自己修行的事迹，加强须菩提行无相布施和无我度生的信心。佛陀像是回忆似的追述着往事道："须菩提！在我过去生中，有一次在深山里修行，有过这么一段经过：

"我正盘膝静坐在一棵大树的下面，闭目思维着宇宙的奥秘，和人生的起源。四周和风习习，花卉吐放着幽香，忽然一阵银铃似的笑声响起，我睁眼一看，原来站在我面前的是一群打扮得花枝招展的姑娘。

"她们穿着宫妃的服饰，珠光宝气，使人一看，就觉得她们不是天上的仙女，定是人间的王妃。她们手拉着手，嬉笑着走到我的面前，向我问道：'修道者！在这样深山丛林里，你怎么一个人坐在这里修道呢？难道你不怕虎豹豺狼会来伤害你吗？'

"我向她们点点头，端坐着身子回答说：'尊贵的女士们！在这座深山里修行的确是我一人，修行并不一定要很多的伴侣。人有慈心，毒蛇猛兽不会来伤害。在城市里，金钱美色，

苛政权威，也就是山间的虎豹豺狼哩！'

"我这一说，那些嫔妃们顿时一改撒娇的态度，很恭敬地向我请求说教。我在身旁摘了一朵小红花，又继续说道：'女士们！人生本来都应该追求快乐，但快乐也有真实的和虚假的，有长久的和短暂的。可是人都给虚假和短暂的快乐所迷惑，像这朵小红花开放得虽很美丽，但它并不能永远吐露芬芳。青春和美丽，力壮和健康，都不足依赖。人生贵在要学道，求得生命的升华，求得生命的扩展，那才是要紧的大事！'

"我正这么说时，一个王者装束的人，手提宝剑从草丛中奔来，他走到我的身前，大声地喝骂我道：'你是什么人？敢大胆地在此调戏我的宫妃？'

"'大王，请问你叫什么名字？不要这么侮辱人！'我看他来势凶猛，我不能不这么对他说。

"'你像在大梦中过日子！'他厉声着说，'威名远震的我歌利王你都不认识？难怪你胆敢诱惑我的宫妃！'

"'大王，请不要这么说，修道的人行忍辱，不敢回骂你，但你如此造口业，将来一定不好！'

"'你行忍辱？我来肢解你的身体，看你还说行忍辱吗？'

"须菩提！就这样，我的眼睛、耳朵、鼻子、两手、两足都一一地被歌利王割下，为了度生，为了对众生行慈，我那时一点嗔心都没有。我从无我度生的精神中，慢慢累积我的福慧，庄严我的佛果。歌利王堕落了，我成就佛果了。须菩

提！行凶的人不能胜人，唯有行忍辱的人，才是最后的胜利者！"

须菩提听完佛陀往昔因中修行的一段事迹，非常感动，他体会到最高的无我真理，他获证到甚深的空慧。

不能忍辱的人，修行就不能成功。

兄弟让王位

从前，南洲地方有一国家，国王十奢，宽厚仁爱。王有四位妃子，各生一子。第一位妃子所生之子，名叫罗摩，天性贤孝；第二位妃子所生之子，名叫罗漫，性情敦厚；第三位妃子所生之子，名叫不尔图，非常善良；第四位妃子所生之子，名叫灭怨恨，生性柔和。

罗摩王子，身材高大，英俊威武，精通剑术，骁勇善战。并且曾经遇到过高人，获得一把宝扇，从此更没有人能够敌过他。因为他生性仁慈，并不把武艺放在心上，所以从不曾伤害过他人。

四位王妃当中，以第三王妃比较性情灵敏，虽然气量狭小，但很会迎合国王的心意，十奢王因此也对她稍有偏爱。

一天，十奢王正和三王妃闲谈，于爱念中失于检点，对三王妃说："我现在最喜爱的，可说就是你一个人了，我所有的财务，如果给你，我是一点也不会有所吝惜的，不知道你需要什么，我随时都可以满足你的要求。"

三王妃回答说："现在我并不需要任何东西，往后如果需要了，再跟您请求。"

过了几年，十奢王年岁老了，身染重病，知道不久于人

世。就让位给长太子罗摩，使他继承王位，治理国政。

又过几日，三王妃见十奢王病已无望，没有好转的可能，回忆王以前对她说的话，又见到罗摩太子继承王位，心生嫉妒。于是在王病榻前，索求诺言道："大王答应我的话，现在我要向王请求了，请求王把罗摩太子废除，立我的儿子不尔图为王。"

这话一说出来，好似晴天霹雳一样，十奢王非常震悚，譬如进食而噎，既不得咽，又不得吐。如果欲废长立幼，他已经为王了，并且又没有过失，一国的人王，怎可欲立即立，欲废即废呢？如果不废除，已有诺言在先，不可失信。王又想到，从幼至今，并未曾失信违约于人，而且身为一国的君主，更不应该违约背信。他再三思维以后，即决意照行，宁可有负己子，也不负彼母。

王意既定，新王罗摩太子被废了。这件国家大事，震惊了全国所有的士民，忠心王室的大臣们，都纷纷进谏十奢王，但局势已定，再也没办法挽回王意了。

二太子罗漫，很为长兄不平，愤恨地对罗摩说道："王哥，您是嫡长，又有大勇力，且有宝扇在身，有谁敢来欺负，何以不用，甘愿受此耻辱？"

罗摩太子很温和地回答弟弟说："你的好意，我很感谢！但你要知道，违背了父王的意旨，就不名为孝子了。况且，三母后，虽不曾生养我，但终是父王的心爱之人，和我的亲母又有何两样？而且，三王弟不尔图，非常和顺。他不是有心如此，像我现在，虽然有大勇力，以及宝扇，岂可因为父母及兄弟的做法不对，而欲加害他们？如果这样，将使我成为大罪人，遗臭万年，这不是等于杀了自己吗？"

罗漫听哥哥说了这么宽宏大量的话，缄口默然。

十奢王废了长太子以后，心中也老大不忍。他为预防意外，就下旨遣徙罗摩及罗漫二位太子，远至深山，十年以后，方许还国。

这时不尔图太子，正出使他国，十奢王遣使把他召还，欲令他登基王位。不尔图回国后，父王已经驾崩，才知道母后妄兴废立之议，远摈二兄。他本和二兄相处得很和睦，对二位兄长，处处深存敬让。这件事的发生，使他对生母起了很大的反感，他向生母说道："母后！您怎可作此悖理之事？虽然，您爱子心切，欲子高大，但您做了这样的事，对孩儿并没有益处，徒使孩儿受人唾骂而已。"

不尔图太子，为弥补这次事件对良心上的不安，他到大太后宫里去认亲，对大太后的孝顺、恭敬，比从前更胜。

登基后的第二天，不尔图带领众多兵马人员，来到二位兄长居住的山边，将兵马人员留在山下，独自步行，入山寻兄。

罗漫对罗摩说："王兄常称赞三弟义让恭顺，可是今天他的行动，却引起我的怀疑。他无缘无故，带了许多兵马，难道是要来诛伐我俩人？"

不尔图到了山顶，罗摩问道："王弟今天上山，因何故带领这么众多人马？"

不尔图说道："一者，为迎请王兄归国。二者，恐于行途

中，遇到盗贼，只是聊作防备，并无他意。愿王兄还国，统理国政。"

罗摩说："奉父王之命，来住此山，十年期满，方可回归。怎可现今返国？若是违背了父王的旨意，也就等于违反了孝道，即不名为孝子。"

一个是苦苦哀求，一个是执意不从，最后，不尔图知道没办法要兄长回去，只得从兄处，索取革履，返回国去。不尔图既回至国中，统摄国政，更加勤劳谨慎，将罗摩太子的革履安置在自己座位上，朝夕礼拜，殷勤问讯，如见兄面，始终不变。国中人民，咸皆赞叹，都谓出了仁王。

年复一年，十年的限期已满，二位太子在山上也风闻到不尔图对他俩的殷勤，很受感动，期满即下山返国。不尔图接见后，随即让位，请兄登基。罗摩坚辞说："父王已先授命予你，无论如何，我也不敢当，还是请你不必推辞吧！"

不尔图见长兄如此说，良心上更是过意不去，他垂泣着说："兄为嫡长，荷负父王基业，自古至今，已成为一种定法，兄长怎也说这话呢？"

两兄弟在金銮殿上推让再三，不得已，罗摩太子接受了王位。

从此，兄弟同心协力统摄国政，百姓受他们忠孝的感化，人人都知道自励，以此稀有至情，故天下太平，人命长寿，年谷丰收。

忍让，这是成就圣者的品格！

大水牛

在印度的一个大森林里，有一只像是菩萨化身的水牛。

这只水牛，与众大不相同，它有着严肃庄重的态度，皮肤黝黑，禀性仁慈善良，富于同情心，能刻苦忍辱。因此一些顽皮的小动物，常用种种的恶作剧来戏弄他，看他能不能忍受一切的欺侮和毁辱。

有一只顽劣的猴子，以为水牛好欺，便常常骑在水牛的背上，毫无畏惧地跳舞打玩。并且，骄傲地指骂道："我不怕你这丑陋的老牛，你像遗弃在河边的顽石给人打骂，也死僵僵地不动一点声色！"

无论水牛在工作或在吃草，猴子越来越胆大放纵。有时骑在头上或角上拉尿，有时骑在背上手舞足踏，甚至用木棍伸进牛的耳朵，不断地转动。当水牛在河里洗澡时，便用两手按住水牛的眼睛，使他不能看见去的地方和享受洗澡的快乐。

水牛受猴子的困扰，一天天地增多，猴子一刻也不离开水牛，水牛从来也不发一次怒色或恶言。

这些忍耐的事，不知怎么被帝释天知道了。有一天正当猴子骑在水牛背上玩弄的时候，帝释天忽然跑到水牛的面前

慨叹道："水牛呀！你的力量足以触死一只凶狠的狮子的，为什么要这样忍辱，受猴子的百般欺侮呢？难道你不知道自己的力量吗？怎么不严厉教训它呢？"

"是的，我知道我的力量可以击败一只狮子，不过我不愿将这些力量对付这只弱小的猴子。假使它的力量和我相等或超过我的话，那么我就不以这样的忍辱来对它了。"

帝释天又劝它道："水牛啊！你这样的忍辱，虽然伟大，可是你永远会受这些无赖的家伙虐待，而没有解脱的一天。"

"我现在行善唯恐不及，怎敢去伤害其他的动物？我想借此忍辱唤醒它们的良心。纵然它不能接受或了解我这种无言的教训时，当它遇到他人的严厉处罚时，自然会悔改觉悟的。"

帝释天闻言，敬佩万分，高声赞道："伟大的水牛呀，你那忍辱的坚强毅力，是菩萨的心行道德，人类也要向你修学的。能忍辱，才不会有嗔恚，不起嗔恚心，就是智慧的存在，有智慧就能办一切事，你的忍辱使人天敬仰！"

说罢，帝释天随手抓起牛背上的猴子，怒声斥骂道："顽皮的猴子，苦痛的果报，将要降临到你的身上，还不快觉悟！"

教训以后，帝释天也就离开忍辱的水牛，往天上而去。

牛的未来是幸福的，猴子的后果是悲惨的！

忍辱不是输给人，忍辱才能真正有力胜过人。

往事的感慨

　　释迦牟尼佛进入涅槃后七百年，印度北方的罽宾国，出现一条凶恶的龙王阿利那，时常兴风作浪扰害人民，造作震天动地的祸患。当时有两千位阿罗汉，发心各尽神力要驱逐龙王阿利那离开国界。

　　一千位罗汉使出自己最大的神力，震撼大地的力量，五百位罗汉放射强烈的光明，五百位罗汉进入禅定，运用禅那的定力，联合这样庞大的力量，却不能动弹龙王一丝一毫。正当大家苦恼着，来了一位尊者祇夜多，祇夜多尊者到龙池边，向龙王三弹指喝道："龙，命你出去，不可再居留此地！"

　　龙王阿利那听了不敢稍迟，即时腾飞离去。

　　两千位阿罗汉都不了解这是什么原因，这么简单就驱遣它，有几位罗汉就问祇夜多尊者道："我们和尊者证得同样的果位，一样断尽烦恼，解脱生死没有差别，一律平等，怎么我们合展所能不能动摇它，尊者却三弹指就使它服服帖帖地离开国界呢？"

　　尊者答道："我从做凡夫以来，严持禁戒，身口意不敢稍犯恶业，以平等无差别的心修持一切法。各位不能动摇它，那是所修积的功德不同的缘故。"

降伏龙王阿利那后，尊者祇夜多带了弟子，向更北方继续他的云游。

路，很遥远，有的横延在原野上，有的环绕着山腰，那高大的路边树迎着南风在摇曳，尊者一行人走在凉快的树荫下，忽然尊者住脚，抬头望着树上，一只乌鸦停在那儿，尊者注视它，然后微微笑，点点头。

走不多远，弟子们不由疑问道："尊者！为什么和乌鸦微笑呢？"

尊者答道："到时自当说明。"

于是他们又向前走，来到石室城。刚走进城门，尊者的脸色突然变得很惨淡，大家心里都疑惧，却不敢多问。那正是吃饭的时候，他们进城去乞食，等吃过饭出城来，在城门地方，尊者又像进城时惨然变色，众弟子忍不住跪下央求道："请问尊者，为什么对乌鸦微笑，又在这里两度失色呢？"

尊者长叹一声，以哀怨的神气开口说道："是九十一劫以前，毗婆尸佛涅槃以后，我转生在一位长者的家里为子。当时志愿出家去学道，可是年迈的父母却说：'且慢，你当知人生不孝，无后为大，你走了，谁来继承我家的宗嗣呢？等娶过亲再说吧！'

"一家人忙了一段时期，新娘子总算入门了，我又提出出家的要求，父母却说：'假如能养下一个孩子，我们就不再阻止你。'

"不久，真的生下一个男孩，到了小孩子咿呀学语的时候，我禁不住又要求道：'现在可以让我达成出家的愿望吧！'

"父母再也想不出阻止的理由了，于是暗里怂恿孩子来哭求，孩子哭着说道：'爸爸你不能走，要不然带我们走，你不能不要妈妈和我，嗯……'

"做父亲的被儿子这番连哭带诉的哀求，出家的意志就摇动了，对骨肉亲情生起了眷恋。

"'我不走，我和你永远在一起。'父亲抚摩着孩子的头，亲切地说道。

"因为这个原因，我又流浪在生死道中。

"现在，我用神通看到过去生中的姻亲，虽然曾经恩恩爱爱地相处过，一旦死散却很难相遇，虽然同是沦落在六道中。那树上的乌鸦，就是过去我的儿子，想不到他变成那样子，还算有缘，几十劫后还能见上一面。"尊者说到这里顿了顿，无限感慨的样子。

"那么在石室城外的事呢?"一个弟子插上来问道。

"我所以在城门外惨然变色，那是看到一个非常瘦弱的饿鬼孩子，他哀求我道：'请尊者进城时转告我母亲，说我在这里盼望她求食回来，已等候她七十年了，如今实在饥饿难忍。'

"我进城后，把话传给饿鬼的母亲。饿鬼的母亲泪流满面地说道：'我知道的，进城以来七十年，我无时不在记挂他，可是我一点办法都没有，生前少和人结缘，也没有植福，很难求得食物，虽然有脓血、涕唾、粪便等垢秽不净的食物，因为我才生产，体力衰弱，每次到手的东西都被有力的鬼伴抢去。这一次我好不容易带了食物，躲躲藏藏赶到城门边，

守门的鬼卒又拦着不放我过去，尊者！请您哀怜我们母子，让我们能相见，分吃这一点不净的东西好吗？'

"我把饿鬼的母亲带出城来，看他们那一副悲欢分食的样子，我内心真难过，不由自主地就问道：'你在这里多少时间了？'

"鬼母亲答道：'我不知道在这里多少时日了，但眼见这座城池，倒塌又建起，建起又倒塌，共有七次了。'

"唉！我慨叹，快乐的时光总是很短暂，愈是痛苦的遭遇，偏是最长久，一个饿鬼的寿命居然这么长。"

尊者这番话，令弟子们都感到恐怖，大家不寒而栗。一个人的作为，很可能招致这样可怕的后果，如果不精勤学道，让佛法来规范心行，万一有所疏忽，真是一失足成千古恨。

于是他们又向前走，步伐那么整齐，个个精神饱满，充满了生气，他们很积极地向光明的前程前进。

为护法杀人

在《大涅槃经》第十一卷，有一个护法的故事：

在印度的地方，有一个名叫仙豫的国王。

这位仙豫国王，秉性善良，知见正确，对于贫穷孤苦的民众，富于同情关切，对于文化思想，极其提倡发扬，尤其敬重大乘经典。

但是，富裕的国土，贤明的君主，国中却缺少宝贵的佛教，全国大小城市连一位比丘都没有。

在他热切渴望佛教之下，他只好请一位婆罗门外道来敬奉。

但是，智慧的仙豫王，并没有信仰外教，而是希冀着婆罗门外道在他的感化之下，有一天变为大乘佛教的努力者，因此，他每天督导婆罗门外道，埋首研究方等经典。

春天花儿开，秋天果儿熟，日子一年一年地过去，不知不觉婆罗门外道受仙豫王的供养，已是十二年了。

可是，这位婆罗门外道，从来没有在国王面前提起过一句佛教的话，而国王从来也没有问他，只是心里暗暗地等待着。

有一天，仙豫王忽然想起敬奉婆罗门已这样多的时日，

不知婆罗门是否有一点成绩，于是，对婆罗门问道："老师！你修道阅经已这么多年，不知有没有发一点成佛的志愿？或是关于修学上的成就？"

婆罗门外道听到国王这样的问话，不禁一阵哈哈大笑，满不在乎地回答国王："大王！什么是成佛的志愿？什么是修学的成就？我不知道，我告诉你，所谓佛者，所谓大乘法者，都是空无虚假的呀！你为什么要人同与虚无？大王！那些全是骗人的一套啊！"

说完又是几声狂笑。

这时，智慧的仙豫王，面临这样诽谤佛法的疯狂者，实在无法忍耐了。他是深解大乘教理的人，于是，毫不犹豫地拔起腰边的宝剑，将婆罗门砍成了两段。

国王个人虽犯了杀业，但是为着保护一切众生的慧命，为着永断罪薮的源头，相反的还有功德，所以，他不堕地狱。

像仙豫王的智慧勇敢，护持正法，不是发于爱护真理的启导吗？

为了护持佛法，为了保护大众的慧命，仙豫王甘愿牺牲，造下杀业，这就是菩萨忍辱的精神！

虾蟆闻法

四生慈父、人天导师的大悲佛陀，时时刻刻都在关怀着还未得度的众生。因此，有时分身在恒河边，出广长舌，讲经说法。

每次，佛陀在宣说妙法时，除帝王、士民外，天龙鬼神，飞鸟走兽之类，皆来听法。所谓"佛以一音演说法，众生随类各得解"。说法后，听法者多少都有受到利益。

一天，恒河边有一只老虾蟆，停在空地上，肃然地在听佛陀讲经，却也能了解经义。

一会儿，一个牧牛的老公公，也挤进这空地来，手里拿着拐杖支持身子，正巧，老公公停下来的杖头，压在老虾蟆的背上。

虾蟆听得入神，也不感觉杖头压在身上，老公公稍一移动，很不幸地，虾蟆就丧命于老公公杖头之下。

虾蟆死了，到哪儿去呢？真是不可思议，因为它听经入神，深得法味，肉体死了，而灵魂却仗着听经闻法的福力，上升天上去。升天以后，得天人身，用天眼观察自己的来历，知道是从畜生道里的虾蟆中来，因听经闻法，仗佛威力，得此升天福报，即刻来到下界，散天华于前生虾蟆身上，以报答它不轻视自己，喜欢听经的恩德。

一只虾蟆，精进听经闻法，尚能升天，何况人呢？

嘱王护法

有一次，佛陀在王舍城鹫峰山，为十六国的国王讲说般若波罗蜜多，十四正行等，其时波斯匿王也来参加。这时候，佛陀就咐嘱他们国王说道："当你们的国家，有了诸多灾难的时候，应当请百位法师敷设一百高座，一日之间有两次来诵这部《般若波罗蜜多经》，那无量无数的鬼神，听了这部经，便会来维护你的国土，一切灾难都会因此消灭。"

说到这里，佛陀喊着波斯匿王说道："我灭度以后，如果到了我的法快要灭亡时，一切有情众生，多造诸恶业的缘故，诸国土内，种种灾难，频频生起，人民死亡不安，这时候，国王为保护自己，保护百官百姓和一切国土，应当受持这部经，人民皆能获得安乐。我为什么把这种大任殷勤地咐嘱于国王，而不咐嘱于比丘、比丘尼、优婆塞、优婆夷呢？因为他们没有王政治上的威力，他们能建立正法，但要王护持三宝。"

波斯匿王听到这里，便从座位上站起来问道："佛陀！做国王的人，虽然有权威财富来护持三宝。但是，末法时代的国王，也能如佛陀所说，肯护持正法吗？"

"是的，就为这一点，我才苦口婆心地要告诫做国王的人，到了末法时代，一切国王大臣，自恃高贵，轻慢我的教法，破坏我的教法，限制我的弟子，不赞叹出家人，毁骂造佛造塔，护法的国王太少，所以从今以后，要多多广度比丘、比丘尼，造佛塔寺及雕刻经像。"

十六位国王，是佛陀的最有力的护法者，闻佛说法，信受奉行，欢喜而去。

天眼通

　　阿那律的道心很坚固，美色当前，他能坐怀不乱，他的心地光明，可想而知。不过，有一次为了睡眠，他曾被佛陀不客气地训诫过。

　　那是佛陀在讲经的时候，大概因为阿那律昏沉疲倦的关系，他就打起瞌睡来，佛陀就望着他说道："咄咄汝好睡，螺蛳蚌蛤内，一睡一千年，不闻佛名字。"

　　旁边的人，用手推了一下阿那律，他就惊醒过来，佛陀向他道："阿那律！你出家学道，是为了畏惧王法，是为了恐怖盗贼吗？"

　　"不是！"阿那律站起来，恭谨地说道。

　　"那么，你为了什么原因才出家学道呢？"

　　"为着厌离生老病死，解脱忧悲苦恼。"

　　"大家都赞美你不为女色破坏戒行，你现在像是很自满，你看，在我说法的时候，你也在睡觉。"

　　阿那律听佛陀这么一说，赶快跪下来，合掌说道："佛陀！请求您慈悲原谅我的懈怠愚痴，从今以后，尽形寿，我再不睡眠。"

　　对于肯认错忏悔的弟子，佛陀一向很欢喜，阿那律这么发誓愿以后，佛陀又鼓励安慰他，叫他好好用功，修行固然不能太缓，但也不能太急。从此以后，阿那律从清晨到黄昏，从黑暗到光明，他都用功办道。

像这样的修行，一时都不肯睡眠，一天两天不要紧，但日子一久，就算人可以勉强支持，但身体总会要病的；这样不久，阿那律因为不睡眠，眼睛瞎了。

阿那律这么精勤用功，弄到眼睛都瞎了的程度，佛陀知道以后，很是挂念。有一天佛陀找到阿那律，就很慈和地告诉他道："阿那律！和你讲过，修行不及固然不行，但太过了也是同样不行。"

"我在佛陀的前面已经宣过誓，我不能违背我的誓言！"阿那律恭敬而又坚决地回答。

"你不要挂念这个问题，眼睛要紧。"

佛陀虽然这么慈悲地开导阿那律，但阿那律仍然不肯睡眠。佛陀只得又再方便地说道："阿那律！一切众生都是要有食物才能生存，耳以声为食，鼻以香为食，舌以味为食，身以触为食，眼就是以睡眠为食，所以，你去睡，不要想其他问题，就是涅槃也要饮食。"

"涅槃吃什么？"

"涅槃以不放逸为食！不放逸能到达无为的境界，无为的境界也是要以禅悦法喜为食。"

"佛陀！眼睛以睡眠为食，不过我不睡眠没有关系，请佛陀放心！"

佛陀的慈悲，阿那律心中很感谢，但他不愿违背自己的

誓言，仍是不睡眠，佛陀看他那红肿的眼睛，就去叫名医耆婆前来治疗。耆婆诊治后，告诉阿那律，只要他肯睡眠，眼睛马上就好，可是阿那律怎样也不肯睡眠。

不久，阿那律的眼睛瞎了。

从这里，我们可以看出阿那律尊者修道的决心，明知眼睛会失明，他都不退愿心，不肯违背自己的誓言，佛陀只说了一句话，他对于修道就那么认真奉行，他对佛陀的恭敬，就可想而知。他的肉眼是瞎了，但他证得了天眼通。

大乘难修

　　佛陀的首座弟子舍利弗，在因中发心修菩萨道行大乘布施，他不但愿意把自己所有的房屋、田园、财产等资身对象欢喜地布施给人，他最后甚至连身体、生命，也毫不吝惜地愿意布施给人。

　　发这样真切的愿心，可以惊动天地，所以就有一个天人想来试试他的道心。

　　天人化现一个二十余岁的青年，在舍利弗必经的路上等候。见到他来的时候，就号啕大哭，舍利弗见了不忍心，上前慰问道："喂！你这位青年，为什么要在这里哭得这么伤心？"

　　"不要你问，告诉你也没有用！"

　　"我是学道的沙门，发愿救度众生的苦难，只要你有所求，凡是我有的，都可满足你的心愿。"

　　"你是不能帮助我的，我在这里哭，并不是缺少世间上的财物，因为我的母亲害了不治之病，医生说一定要用一修道者的眼珠煎药，我母亲的病才能好。活人的眼珠已经不易找，修道的人的眼珠又怎么肯给我呢？想到病床上呻吟待救的母亲，我不觉在这里就伤心地痛哭。"

"这没有关系，我刚才告诉你，我就是修道的沙门，我愿意布施一只眼珠给你，以救你母亲的病难。"

"你愿意布施一个眼珠给我？"青年欢喜得跳起来。

"我的一切财产都布施给人，正想进一步地行大乘道，愿意将身体布施，苦无受施的人，今天遇到你，满足我学道的愿心，我真欢喜高兴地感激你，你就设法来取去我一个眼珠！"

六十小劫前修道的舍利弗心中想，我有两个眼珠，布施一个给人，还有一个仍然可以看到东西，这对自己并没有什么妨碍。

他叫青年人设法取他的眼珠，青年人不肯，他说道："这不行，我怎么可以强夺你的眼珠呢？你愿意的话，你可以自己挖下来给我。"

舍利弗一听，觉得他说得有理，当即下大决心，勇猛忍苦地把左边一个眼珠用手挖出，交给青年的手中，并说道："谢谢你成就我的愿心，请你拿去吧！"

"糟啦！"青年人接了眼珠，大叫道，"谁叫你把左边的眼珠挖下来呢？我母亲的病，医生说要吃右边的眼珠才会好呢！"

舍利弗一听，真是糟啦！他怪自己怎么没有问他一声再挖眼珠，现在怎么办呢？把左边的给他，还有右边的可以看东西，若再把右边的眼珠挖下来给他，那连走路都看不见了。可敬可佩的舍利弗，他不怨怪别人，他想，发心发到底，救人也要救到底，难得遇到一个接受布施成就自己道行的人，就再把右边的眼珠挖下来给他好了。舍利弗这么想后，就安慰青年说道："你不要急，刚才是怪我粗心，怎么就没有问清楚再挖眼珠，现在我知道了，横竖人的身体是虚幻无常的，我还有右边的眼珠，我愿意挖下来给你做药，医治你母亲的病。"

舍利弗说后，又再下大决心，勇猛忍苦地把右边的眼珠挖下来交给那个青年。

青年接过舍利弗的眼珠，一句感谢的话也没有说，把舍利弗的眼珠放在鼻子上嗅了一嗅，当即往地上一摔，并骂道：

"你是一个什么修道的沙门？你的眼珠这么臭气难闻，怎么好煎药给我的母亲食用呢？"

青年人骂后，并用脚踩着舍利弗的眼珠。

舍利弗眼睛虽然看不到，但他的耳朵没有聋，他听到青年人骂他的话，用脚在地上踩踏他眼珠的声音，他终于叹口气，心中想：众生难度，菩萨心难发，我不要妄想进修大乘，我还是先重在自利的修行吧！

舍利弗这样的心一生起，天空出现很多的天人，对舍利弗说道：

"修道者！你不要灰心，刚才的青年是我们天人来试探你的菩萨道心的，你应该更要勇猛精进，照你的愿心去修学。"

舍利弗一听，很惭愧，利他的菩萨心又再生起，他当即就成就了不退的道心。

六十小劫来，舍利弗不休息地学道，这一生遇到佛陀，证得圣果，所以能有天眼通。在佛陀的座下，是一位首座的弟子。

求离生死

南天竺有二位比丘，听人说北方的罽宾国，有大威德的圣人出现于世，二人衷心钦慕，于是结伴向北方而来。

抵达罽宾国境，一路上到处寻访，终于找到圣人祇夜多的住处。走进那茂密的森林，看到一位苦行比丘，相貌非常憔悴，曲身在灶前烧火，二人进前问道："请问，您认识祇夜多尊者吗？"

"我认识。"苦行比丘回答。

"请您告诉我们，他住在那儿呢？"

"从这里上去，第三个窟洞就是。"苦行比丘用那枯瘦的手，指着前面的山丘说道。

二人按照指示，上山来至第三个洞前，洞里正有一位比丘在燃火，二人看到了觉得很奇怪，有一个人说："这么一位殷勤修道的大德，我们怎不知早些来拜问呢？"

另一人禁不住内心的疑惑，问道："尊者有如此大威德，为何还需要自己烧火呢？"

祇夜多尊者听到有人说话，就回答道："我过去沉沦在生死苦海中，为了修道，自己的头、手等肢体，尚且愿意供养出家大众做燃料，何况现在以薪柴为燃料？"

"不知尊者往昔世中，那些事迹能为我们宣说一些吗?"两人很兴奋地问道。

尊者祇夜多以沉痛的语气，开始叙说他的往事："记得从过去五百世以来，我投生在狗道，经常被饥渴所困逼，唯有二种时候才能得到食物。一个时候，碰到有吃醉酒的人，酗酒呕吐，那酸秽的东西，可以使我饱餐一顿。另一个时候，就是仅有夫妻两口的家庭，遇到丈夫下田工作，妻子因为小事偶尔出门去，我就乘机从细小的破墙口缩身进去，偷食他们的食物。像这样，虽然不至于饿死，但要饱吃一次，总要挨人的鞭打，受种种的折磨。有一次，到一户人家去偷食，东西盛在瓷壶里，虽然伸进头去吃得一饱，然而壶口太小，头却抽不出来，正当我焦急挣扎的时候，男主人回家来，他很生气，拿起利刀，从我的颈间砍下去，那时我为一餐，弄得身首异处。次一生我还没有脱离畜生道，可是觉醒了，因此发奋精进修持，累积了多生的功德，终于还得人身，想到轮回在生死海中，实在苦呀!"

比丘两人听完祇夜多尊者的一席话，遂厌离生死，获得须陀洹。

不同之诤

真理不辩不明，僧团中有一位佛弟子像迦旃延尊者，使很多想要问难的人，总有几分畏惧。

有一次，迦旃延走在街上托钵乞食的时候，给一位迎面走来的婆罗门修道者见到，他向迦旃延招呼以后就问道："尊者！今天遇到你，真是难得的缘分，我想有一个问题请教你，希望你以客观的态度破除我的疑惑！"

"请不必客气，你对什么问题生起了疑惑？"

"尊者！我看世间上，刹帝利与刹帝利相争，婆罗门与婆罗门相争，他们争来争去，究竟是什么原因呢？"

"是贪欲在蛊惑！"迦旃延回答。

"婆罗门和婆罗门相争，刹帝利和刹帝利相争，是为了贪欲。尊者！我再问你，你们比丘和比丘相争，又为的是什么原因呢？"

"是我见和法执！"

婆罗门的修道者，闭起眼睛用手摸着头，好像是在很力地思想尊者的话。

婆罗门闭起眼睛摸着头的那奇怪的样子，很引起街道两旁的民众注意。本来，比丘和婆罗门在街市中论道，就已经令人注目，何况这位婆罗门的修道者，又做出古怪的样子。

一位是披着黄色袈裟的比丘，端严庄重地站着；一位是编着头发，身上穿了婆罗门表示苦行的粗衣，还在闭着目，摸着头的修道者。四周有围着注目观看的群众，这情景像人生舞台上演着最精彩的戏剧一样。

婆罗门的修道者想了一会，睁开眼，又问道："尊者！你的回答很公正合理，不过，我想知道世间上什么人才能离开贪欲、我见和法执呢?"

迦旃延毫不犹豫地回答道："现时在舍卫城说法的我的老师佛陀，他是应供、正遍知、无上正等正觉者。他没有贪欲的烦恼，没有我法的执着，他是三界的导师，是人天的师范。"

婆罗门的修道者，很感激迦旃延的说法，他当即要求尊者介绍他皈依佛陀，做在家学佛的居士。

说服了婆罗门的修道者，围观的群众向迦旃延一阵欢呼，还有很多人跪在地上向尊者顶礼，像是在祝贺尊者的胜利！

可是，尊者没有一点骄傲自得的表情，他谦虚地向大家答礼，再和那本是婆罗门而今要做居士的修道者告别，仍然去行着他托钵乞食的生活。

世间上人和人之间有诤，佛教里为了一些问题也有人诤，但尊者迦旃延，就有不同的看法和解说，这是最好的解说。

除贪爱

在南印度，有位富翁学道的人，他虽然名义上学道了，但仍为俗习所缠缚。

本来，学道的人的生活，简单朴素，比方说，吃饭只求能饱，穿衣只求暖身就够了。而这位学道的人，饮食起居种种，却尽量讲求享受，譬如说：用汤水洗浴啦，用酥油摩身啦，等等，与不学道的人了无殊别。因为他自身为这些贪爱所束缚，所以修行多年，别人都觉悟证果了，他还是依然故我。

后来，他自己警觉到落在别人之后，即发惭愧心，决定往后要精进用功。于是来到摩突罗国孔雀城东，有五里许的一所山寺中，礼拜当代有名的高僧优婆鞠多尊者为师，跟随他学习。

既见尊者，就请求开示说法。优婆鞠多尊者知道他身受贪爱束缚，对他道："如果真的你能接受我的教示，我就可以指点你学道的方法。"

"尊者慈悲，弟子愿受教示。"

优婆鞠多尊者带他到一座山上来，运用神通法力，化一棵很高大的树，教那学道的人上树，在树下又化一个深广无比的大坑，先要他放下两脚，再要他放开一只手，最后，又要他放开仅有的一只手，学道者就提出异议说道："若再放开一只手，便要堕坑而死了。"

优婆鞠多尊者听后，很不高兴，怒斥道："已经与你约定，一切要受我的教示，怎么你现在不听？"这时学道者想到此行的目的，即闭目不顾一切地把手放开，准备堕下去，在他这贪爱之念去除的一刹那间，树与坑都不见了。优婆鞠多尊者这才为他说法开示，他也精进地加功用行，很快地就证得罗汉果。

不能忘我，就不能除贪爱，贪爱不除，修道者的魔障就会多的。

惧蛇成道

从前，有一位修道者，到山中修行，可是这座山上蟒蛇非常之多，大大小小的蟒蛇，常缠绕在草地上，因此，这位修道者，异常害怕。为了避免毒蛇的伤害，修行者就搬到一棵古柏树上，铺床坐禅修定，可是最讨厌的事，就是睡魔常来扰乱他。每当要用功的时候，就想打瞌睡，因此，天天都在昏沉中过日子，日子久了，他不但功行一点进步都没有，连瞌睡的坏习惯也改不掉。这时，有一个天人知道了，想办法要使他觉悟，用天乐的喧哗声，用讽刺的冷笑声，要令他惊醒。可是，这一切对他都失去效力。最后，天人想到一个办法，他知道修道者最畏惧毒蛇，他就用对症下药的方法，他好睡的病，需要蛇的药来对治。

当修道者又再打瞌睡的时候，天人就大声地喊道："啊！大蛇来了！大蛇来了！"

这几句话，使修行的人吓得非同小可，赶快睁开眼睛，紧张地看着四周，静悄悄的森林中，一点动静也没有，修道者又安心地合眼昏昏睡去。可是天人又大声地说道："啊！大蛇来了！大蛇来了！"

在这个晚上，天人一次又一次地惊惕这位修道者，他那本来的畏惧的心，一转变而成嗔怒心。当天人再喊的时候，他就骂道："是哪一个喜欢造口业？专讲谎话，说妄言，哪里有蛇来？"

天人乘这个机会，向他说道："蛇没有离开你，水缠绕着你，所以你被迷惑了，你看，这'地水火风'四条大蛇，你把它认为是自己的身体，天天被此愚痴的我执所蒙蔽，难怪你出不了苦，断送以往的一段修行日子，如果你不将身上的四大毒蛇除掉，你的果位很难证得，只是多费心力，虚度光阴。"

修道者听了这些话，猛然省悟，知道自己只执爱这四大假合的色身，而无法脱掉它，以致久久沉溺于生死大海中。

就此以后，他发奋忏悔，加紧勤学，放下一切，看破一切，最后证得罗汉果，获取六神通。

成仙飞去

从前，有一个愚痴的人，痴心学仙，听得外国有仙水，喝了水便得成仙，在他想来真是一个方便法门。于是他鼓起傻劲，要往外国寻求仙水去。行到途中，就在一处旅店中投宿。主人问他道："先生想往哪儿去？"

"我要往外国学仙去。"

"怎样学呢？"

"很方便，那儿有仙水，喝了就行。"

主人见他这般傻气，便起恶意，要捉弄他，说道："我这儿有一棵仙树，只要爬上去，学仙人舞，跳一跳，便可成仙。这样不更方便吗？何必远去外国那样麻烦呢！"

"那也好，横竖我只要求仙水，这就请您老人家慈悲，指示指示！"

"不行，树神嘱咐，要在这儿代我做一年苦工，才可教你，否则，不会这么容易。你能做到吗？"

"很好，我能做到！"

那傻瓜心想："往外国求仙水，未必就能得到，这儿既有仙树，不是更快能够实现求仙的理想吗？"

于是，他就满口应承，开始工作。任何辛苦，都乐意去做，从没有一点儿不愉快的颜色。

转眼一年期满，主人原是相欺，哪儿真有仙树？由是更起毒心，带他到山中去，指着高临石岩上的一棵树，说道："这就是仙树，你爬上枝头去，我叫一声飞，你就马上应声飞跃起来，这样便可以立即升空成仙了！"

那人心诚愿切，便不顾一切死活，照主人说的话做去。奇怪的是，主人一声飞，他真的立即从树上飞腾而起，凌空而去。从此得有神通。

主人非常惊讶，心里想道："我本来是想弄死这傻瓜的，满以为他在树上一跳，就跌到岩下去，怎的竟然是真的成仙飞向空中而去？噢！我知道了，原来此树真的是仙树。"

从此以后，主人对这棵树，就留心保重，视同珍宝，再过若干时日，主人厌弃尘劳，自想成仙去，便斋戒沐浴，对他的儿子说："我年事已老，你亦成人，可以持家继承祖业了。我现在要做神仙去了，你要好好善视家人。"

说毕，便教他的儿子如此这般，于是父子两人，同到树下，儿子请他先上树，然后高叫一声："爸爸！飞！"

那主人像是很有把握似的，纵身向空，拼命一跳。哎呀！翻个筋斗，刹那间，便堕落在岩石上，粉身碎骨了。这个心毒自私的人，就这样自寻死路，了却他的生命了。

利人才会利己，害人也是害己，因果报应，丝毫不爽，我们怎不谨慎呢？

聪明反被聪明误，还不如做个愚人，心诚愿切的比较好。

饿与饱

有一天，佛陀带领着五百比丘，由须赖婆国转向毗兰若村的途中，投宿于路旁的森林里。

毗兰若村的村长，过去是信奉婆罗门教的，后来闻知佛陀具有三十二相八十种好，身放光明，演说宇宙人生的妙法，因而才改信佛教。

这天听说佛陀将光临本村，抱着千载难逢的想法，先到佛陀安住的森林里，顶礼佛陀说道："佛陀！我是离这里不远的毗兰若村的村长，听闻佛陀将莅临本村，觉得非常荣幸，所以特地跑来恭请佛陀和诸比丘，在本村作三个月的雨安居，我愿负责一切的供养，请佛陀慈悲接受。"

"你的诚心我知道，但是我的弟子太多了，恐怕会麻烦你，我想，还是不要打扰你为好。"

"不，佛陀，那里虽是小乡村，我自信尚有充分的力量供养佛陀和诸比丘，请佛陀不要挂意，无论如何请接受我的供养。"

村长苦苦哀求着，佛陀只有点头应诺。村长欣然拍马回到村中，准备一切。

外道知道了这件事，心中恐惧而愤怒，便运用女色在村长的房中，设置奇花异草，芳香花味，排设酒肉美果，灯光旖旎，美女如云，使村长一进房中，智慧顿失，过了一夜的生活。第二天，村长吩咐道："在天下太平的日子中，我从今天起，要在这高房楼阁度过三个月的雨期，无论是喜是恶，一切事情都不要传报送入我的耳中。"

已经做了外道俘虏的村长，完全忘记了招待佛陀的事情。佛缘尚浅的乡村，忽然遭遇了虫灾，全村陷于饥馑的状况中，没有人肯布施佛陀及比丘们一点米水，佛陀和诸比丘，只在毗兰若村的村外忍耐着。

当时，由波利国来了一个贩卖马匹的商人，带了五百只马匹经过这里，商人见这情况，先对比丘说："我没有什么粮食可供养诸比丘，不过给马吃的麦壳用得着吗？"

"你的盛情，我们很感谢，但是没有佛陀的许可，我们不能领受马粮。待我们回去请示佛陀后，方能决定。"

佛陀赞叹道："陷于这样贫穷的状况中，你们能少欲知足，而不敢违背我的教示，我很安慰。你们可以接受商人的马粮供养！"

于是，诸比丘纷纷接受了马粮，阿难得了一份，磨作麦粉和水浆供奉佛陀，诸比丘也碾煮而食。

目犍连看见这样可怜的情况，禀告佛陀说道："佛陀！我想了很久，在这里没有办法得到食物，我想运用神通力，到别的地方搬运些米粮来。"

"目犍连！不要这样做，虽然以神通力能够搬运食物来，但是宿业的因缘，仍然不能消灭，忍耐是最要紧的！"

目犍连听了佛陀的指示，低着头退走了。

苦恼的三个月在忍耐中过去了，佛陀和诸比丘饿得消瘦异常，无论怎样的穷困逼迫，他们的信念，一丝也不会动摇。多么团结和合的僧团啊！

这一天，佛陀对阿难说道："阿难！你跟我一起到毗兰若村村长那里看看吧！"

"是！佛陀！"

沉溺在五欲欢乐的毗兰若村村长，恰巧在楼上看见了佛陀与阿难的消瘦姿态。一时茫然若失，刹那间，昏眩过去，等到醒来，飞也似的跑到佛陀面前，痛哭流涕地说道："佛陀！多么可怕呀，我中了魔王的迷惑，竟欺骗了圣人，种下无量无边的恶果，请怜悯我，这不是我愿意的，给我忏悔吧！"

佛陀静静地说道："不错！你已经种下罪恶的种子，请了大众而不供养，不是太愚痴了吗？但是，我能体念到你最初的发心，如果能真正地忏悔，我是极注重那忏悔的价值的。"

"我在伟大的佛陀面前，已至心忏悔，请佛陀视察我的心，从今天起一个月间接受我的供养，让我以功补罪。"

"毗兰若村村长！我在郊外度过三个月的安居，住于一处。现在，雨安居已过，还有许多众生在等待我的救度，我现在就能听到他们在喊我的名字，我马上要离开了。"

"请佛陀顾念我吧！"说着，以哀求的目光看着佛陀旁边的阿难，又说道："阿难尊者，请你也替我向佛陀说情吧！至少明天给我供养，当做惜别的粗饭，并给我向诸比丘至心忏悔的机会。"

佛陀的慈眼，放射出怜悯的光辉，允许了村长最后的哀求。

日以继夜准备着盛馔的毗兰若村村长，到第二天，带着感恩恭敬的心，迎请佛陀和诸比丘进入村中。饭食后，村长把美丽的棉衣四件、草鞋一双供养佛陀，并把棉衣二件、草鞋一双供养诸比丘。

毗兰若村村长带着全村的人，送着佛陀和诸比丘，他们流着泪挥着手，自叹善根浅薄，不能好好地供养佛陀！

佛陀要离开的时候，任何力量，任何劝说，也不能阻止他离开，而当佛陀不离开的时候，任何困难逼害，他也都能忍受！

不退心

过去有一个人，虽然没有人开示他，但因为受世事的折磨，人我是非的困扰，而承受种种的苦恼。他想到一个人在这尘劳中浮沉，终究能获得什么呢？在这庞大的宇宙中，人仅微小得如恒河中的沙粒，整日用心在争夺和欺诈的上面，最后还不是万般带不去吗？这种人生究竟有什么意义呢？

他又想到修道者的生活，他们是为众生而工作着，这是何等的伟大呢？至少修道者是不会被世事尘劳所困扰的，而且，他们将来还有一个解脱的圣果可获得。

于是他离开家庭去做了沙门。

做了沙门以后，他每天早起晚睡，认真修学，一点儿不敢懈怠，他以回忆过去的生活和憧憬未来的圣果作为修道的鞭策。可是岁月一年一年地过去，他还没有证得圣果，难道这些功夫都不对吗？他想着竟怕起来，别因此误入歧途或着魔，唉！不如回家去做个凡夫算了，也不必这样苦苦修行。

当他打定主意而准备回家的时候，又犹豫了。成功和失败就在一念之间的定夺，这一走，几年来的勤苦学道就将付之流水，永远失去悟道的希望，再鼓起勇气来前进，或许会有成就吧！去与留的念头正在他心中翻腾的时候，触动了山中的树神，树神和他曾经有过一段因缘。

树神很为他忧急，知道他这样回去会永沦生死的大海。他想用点小神通试试他，说不定能挽回他的意志，助他成就道业。于是化现一个美貌的比丘尼，穿着艳丽的衣服，满戴珠宝的饰品，扭身弄姿走到修道者的面前来。

修道者一看很不以为然，正颜厉色地责问道："你是个比丘尼，一个出家学道的人，怎可以穿用俗人的衣饰呢？怎可以这般打扮来眩耀人目呢？"

化人比丘尼答道："这有什么关系？衣服，装饰品都是幻化的，脂粉是颜料做的，这有什么可贪着呢？原本是假相，就是你的身体不也是这样吗？眼前看来青春健壮，等无常一到，地、水、火、风分散，哪儿有正主呢？无相、实相、真如，是不生也不灭，能了知诸法本来如此，证道有什么困难呢？

"一个人在世界上，就像天上的月亮，孤身只影，独来独去，赤身来也赤身去，没有一件东西真正属于你。愚痴的众生，在虚幻不实的境界中贪着，迷恋而致自缚。不是境界迷人，实在是人自迷；不是烦恼缠人，而是人找烦恼来自缠。为贪爱虚幻不实的境物所迷，终生如梦如醉如痴，却日夜怨天尤人。他们就不知苦不是本有，那是自己恶业招致来的。众生是可怜的，他们偶尔造些善因、得些乐报就沾沾自喜，就不知乐报也是假的。对世事假相，一味贪着，快乐很难永随身边，灾祸却如影随形，片刻不离。想求得自在永乐，必须了悟生死，远离贪欲和造作。

"三界中当然也有如天人拥有许多的福报，但他们也有享尽堕落的时候。佛法说：人住家庭如坐牢狱，天在三界的最上层也如牢狱，唯有诸佛菩萨所修学的无漏学，观照诸法空相，息灭人我差别的偏见，才是最究竟的常乐境界。"

化人比丘尼滔滔不绝的一番话，像一桶净水浇淋在修道者的心上。他细细审察每一句话的意义，的确，四大本是和合的假合，众生就因过分贪着四大假相，而害了自己。觉悟到法性本空，住在世界上就如客居他乡，看十方众生，实在没有亲疏可言。

修道者由此心胸豁朗，舍却里碍，一奉初衷，认真学道，终于得大自在。

舍命求法

在南赡部洲，过去有一位转轮圣王，为了听闻佛法，到处寻访能说法的人。

有一位老沙门，自称懂得半偈的佛法，于是很隆重地被请到王宫来。

事前，国王已命人将正殿洒扫干净，点上檀香，把自己的龙椅抬放在殿中，作为说法的宝殿，并带领全朝文武官员在殿门外恭候。

老沙门大步摇摆着进来，毫不客气地坐上龙椅，国王和文武官员虔诚恭敬地在座下礼拜。国王说道："祈请大师为弟子开示。"

"我这半偈大法是经过许久勤苦才得来的，大王想求法，哪有这等简易呢？"老沙门答道。

"那么请大师言明，需要何种供养或仪规，弟子一概遵办，就是珍宝、玉衣美食，不论什么，弟子……"

国王说到这里，老沙门就挥手阻止道："你说的都不对，那些俗物不是我所需要的，你真有诚心求法，把身上剜挖许多洞口，注满油膏，每疮口插一根灯柱，然后根根点燃，这许多的灯光，就是最上好的供养。假如能做到，我即时宣说

大法，要不，我要乘早离去。"说着从宝座上站起来。

"不！大师，听弟子说，"国王急忙上前求道，"大师请稍候片刻，弟子自愿供养。弟子深切了知无始以来虽然丧身无数次，也不曾为法效劳，现在正是时刻，很欢喜奉献出身命。"

说完进入内宫告诉妃子们和太子道："我决定用身命供养法宝，为你等及一切众生在阴暗的生死渊中，燃起智慧的光明，愿这光明能照彻众生心中的无明暗昧，断除所有的结缚，了脱生死，永离重苦，希望你们不要违阻我的意志，为我欢喜。"

所有的眷属、侍从都号啕大哭，他们虽然了解这是伟大的行为，可是禁不住生离死别的悲哀，哭声震撼了偌大的宫城。

国王回到正殿，在老沙门前脱下他的龙袍，大声对旁观者说道："谁肯发心为我在身上刻挖肉洞吗？"

大众中寂寞无声，没有人敢回答。

"谁有勇气成全我的心愿呢？"国王又一次大声说道。

"我愿意帮助国王！"一个粗大的声音。

随着声音从人群中钻出一个人来，原来是个做过屠夫的臣子。他走到国王面前大声说道："大王！您一定知道杀人是怎么回事，断头砍颈，斩手折脚那种痛苦，大王您忍受得了吗？"

"能！"国王毅然答道。

于是做过屠夫的臣子拔出他宰牛的舌刀，很熟练地开始刻，不一会工夫就在国王身上割挖了许多肉口，然后一个一个地灌满油膏，插上灯柱，点上火，周围都光亮起来，国王像一座灯塔，从他身上发出闪耀的光辉。老沙门非常感动，赞叹道："稀有！真稀有！旷古难见，该我宣说妙法的时候了。你听着：生生死死，绵绵无尽；灭除生死，就得永生。"国王听完心满意足，回身转告大众道：

"你们应该记取，这半偈微妙难得的大法，转知国中所有的人们。"

这时，国王身上的灯火，忽然闪出异样的光彩，照耀到十方国土，每一国土本有的光明都变得暗淡无光。

忉利天王都被这稀罕的愿力惊动，驾临到国王面前问道："你为什么修持这般难受的苦行，换取仅仅半偈的佛法呢？"

国王答道："我为一切众生除却心中无始以来的愚昧，所以发此无上的菩提道心。"

"所谓菩提心，是要有恒常的勤苦才能修成哩！不是一时的忍受啊！"天王进一步问道。

"是的，我明白不是一时能忍受就是菩提心，往后无尽的岁月里我也如现在。就是把烧熟了的铁轮按放在我的头上一辈子，甚至永久，那种痛苦也不能驱退我的道心。我可以发誓，假如我所说有片言虚假，或对道心有丝毫不忠实，身上的疮口将永远腐烂下去，假如我没有欺诳的心意，身上的疮口即时完好如初。"

才说完，国王身上的肉洞，果然回复原状。

许多围观的人都惊叹欢喜。

愿力是不可思议的，菩提大法若没有奉献生命的决心，是不能求到的。

月明妃

印度的槃提国王名叫优达，在迦叶如来时曾经出过家，修学正法；到了佛陀的时候，因宿世培植的福报，又得转为人王。

优达王的第一妃子，名叫月明夫人，她的才学和品德很高，优达王又爱又敬。

有一天，月明王妃看见优达王像有心事的样子，不禁怀疑着，就问道："大王，不知你因为何故面有忧容？"

"听到一位证果的圣者告诉我说，你的寿命将要终了，想到生死别离的苦恼，所以就表现出来了。"这是因月明王妃的阳寿快尽，忽然现出衰相来，优达王知道了，便照实说了。

月明王妃听说，一点惧怕的样子都没有，她安详地回答道："大王也不必为这来苦恼，佛陀曾说过这话'高者必堕，存者必灭，合必有离，生必有死'。这些都是定理，哪一个人也不能免除的。大王若有想到我们夫妻九年来的感情，就请求大王允许我出家去修行！"

"你去出家修行，如果不能成道，一定也会上升到天上去的；若生天上，我要求你还来见我，你做得到，我就放你出家去。"这是优达王对月明王妃的爱念还未完全消除，为了要达到修行的目的，月明王妃方便地答应了。

月明王妃出家以后，本来还是住在深宫里，但因她是个王妃，时常有许多宫女们来问讯探望，月明王妃给打扰得不能安心办道，所以决心离开王宫，到别的地方去。

经过六个月的精勤苦修，月明王妃证得了阿那含的圣果。也在这时，她的无常色身坏去了，另外她的慧命上生到色界天去了。

月明王妃生到色界天后，她观察到以前和优达王的约会，她想去赴约，可是一个妃子死去了，另外又增添了许多的妃子，优达王这时正沉没在五欲之中，很难度化。于是她想出这样一个办法来：在夜静更深的时候，她化做一个令人看了就要恐怖的夜叉王，手上拿着五尺利刀，站在优达王寝宫内的龙榻前，优达王翻身醒了，睁眼一看，是个高大的魔鬼，恐怖不已，夜叉王开口说话道：“在这个时候，你纵然有千军万马，也保护不了你什么，因为你的生死已经操在我的手中了。死已面临在目前，你还有什么办法？”

优达王恐惧似的说道：“我并未做过任何一件坏事，我唯有依止着善的和好的方向走去，我要把我身心修持得清净无染，我希望的是生到善良的地方去。”

“修心净意，这是可依靠的，我们赞同这种人。”

本是一副难看的面容，听优达王的说话后，假夜叉又变了一种慈和的面孔。优达王一看，心动了，就疑问说：“你究竟是什么人？为什么要这样叫我害怕呢？”

“老实告诉你，我就是你的妃子月明夫人。自从离开大王以后，我很用功地去修行，命终生到色界天，因为与大王曾有过约会，今天就是特地前来践约的。"

优达王现在是不感到恐怖害怕了，但也不相信这是自己妃子变的魔鬼，他要月明王妃现出原形，他才肯相信。夜叉王摇身一变，衣着、容貌，依稀如往日的王妃一模一样。优达王看真是自己心爱的妃子，欲念又生起了，就赶上前要去拥抱，月明王妃轻轻腾起身子，飞在半空中，为优达王说苦空无常的真理，并教他也出家去修行。

优达王接受了月明王妃的指示，他把王位继承权让给他的太子，投在迦旃延尊者的座下，出家修行去了。

优达王以一国之至尊，落发修行，实在不是一件简单的事。跟月明王妃初出家时一样，他也常受那些臣民的打扰，因此，他悄悄地走向深山。

优达王后来为了求法，曾到王舍城外，这时佛陀正在灵鹫山讲经，他到灵鹫山来听佛陀说法，很快地也证得了阿罗汉果。

沉迷在爱欲中不要紧，只要能及早回头就好了！

女居士开悟

印度有一所寺院，寺旁有棵蓊郁婆娑的松树，这寺院，即依此树为名曰"松寺"。

松寺里住有比丘僧一百多位，每天都在修习止观，因为他们的修行精进勇猛，所以寺中有不少是证果的圣人。

离此松寺约二三里路的地方，有位在家修行的女居士，她对出家人的供养恭敬，虔诚到了极点。她发愿每日请一位比丘到家里来供养，由松寺中的比丘轮流着。供养毕，还要请求开示说法。年高德重，对佛理精通明了的比丘，当然是乐意去了；可是这位女居士对佛理也有相当的研究，因此，一些修学稍差的，往往都不太喜欢去。

松寺里，有位名叫摩诃卢的比丘，他是晚年出家的，虽然年龄已经很高，但对佛理却研究很少，深奥的固然不了解，即使最基本的也不懂得。这一天，轮到他去受供了，他很不愿意前去，因为他不会开示说法，于是就推辞给别人去，推来推去，都没人肯接受，大家都说："是你去的日期，怎可叫人代替？"

最后他心里想："我是福田僧，应该受人供养，让大家培植福田，长养善根才对，我虽不会说法，但无人前去，还是自己去的好。"老比丘扶了拐杖，一步一步慢慢地去了。

女居士在家里等了好久，时间已经正午了，还不见有人来，她心急如焚。好不容易老比丘来了，女居士瞻望那副童颜鹤发、道貌俨然的样子，心中生起无上的恭敬，连忙礼拜道："难得您年高德劭的长老光临寒舍，弟子感到万分荣幸。"在她心目中，以为这位老比丘一定有大智慧，能为她说无上妙法，深深欢喜着，做出最好的食品来供养老比丘。

供养已毕，请老比丘上座，她顶礼伏倒于地，请求说法开示。老比丘登上宝座，心里惭愧万分，觉得自己真愚笨得可怜，因为他对佛法是一无所知，想着没办法，叹了一口气，低声说："人的愚痴，实在是苦恼的根本。"说完这句话就下座去了。

伏在地上的女居士听到这话后，认为这是前所未闻的无上妙法，在心中细细反复思维着：愚痴就是无明，无明就是十二因缘的根本；因为有此无明的根本，所以人才会在苦海中，生生死死绵绵不绝地轮回着，一切的苦恼，也就由此而生了。她一直这样精进思维不已，当时就证得罗汉果位。

证得果位后的女居士，心里欢喜万分，在储藏室内取出一条大白毡，想供养老比丘，可是竟遍寻不获，原来那老比丘下座后就走了，回到松寺去。找不着老比丘的女居士，以为他有神足通，就带了供养之物，赶到松寺去。

回到松寺里来的老比丘，听说女居士要找他，以为又是来求法的，不肯见她，而她则是非见不可，这使通报的人很为难，就问她说："为何你一定要见他？"

女居士道："他使我解脱苦本，我很感谢，要供养他。"

老比丘知道她不是来求法的，才出来接受供养。

由此可见，一法一切法，如果因缘聚集时，只要一两句话，就可使人得到很大的法乐，一生受用无穷。因缘未聚，就是说得舌灿莲花，也是白费功夫。

五通仙人

佛陀在因地时，有一次是做一位证得五神通的仙人，在荒山中修行。他对修行的功夫很精进，心里没有一点挂碍，世间上的一切荣华富贵，更不去羡慕，每天就食用瓜果以度余年。

在五通仙人修行的地方，有一条毒蛇，天天看那五通仙人在修行，因此，受到感动，到五通仙人住处去皈依。

这条毒蛇皈依后，就在五通仙人身边服侍，每日口含清水洒地，再取草根去扫除尘垢，替五通仙人做些杂事。在五通仙人身旁求法，不离左右。

日复一日，夏秋已去，转向冬寒，五通仙人心想：花果已尽，应当下山求食才是。当他要出发前，毒蛇听说仙人要走，悲伤得饮泣起来，五通仙人见状，心中很是不忍，安慰着说："你是条毒蛇，人家看见了就想加害，希望你静静在此地修道，我会回来的，只要你安心不他去，我们后会有期。"

说完这话，五通仙人就离去了，毒蛇涕零不已，它爬上大树，遥望五通仙人远去，到看不见的时候，忽然痛恨起自己来，就由树上堕下，还未到地上，中途落在树枝上面，折成两段死了。

毒蛇死后，上生到兜率天宫；生天宫后，即知道宿世因缘。因感激蛇身对他的好处，率领众天女，各持花香到蛇身处，散花于蛇身上，又到五通仙人处，用香花供养，以报答恩德。

生起善心，愿意求法，毒蛇尚能上升，何况人呢？

无论是什么人，莫以善小而不为；一念善心，就是将来成佛的种子。除恶修善，这就是脱苦的方法。

美女宣佛化

印度的舍卫大城中，佛陀的弟子给孤独长者，养了一个女儿，有端庄殊妙的相貌，具备女子的三从四德，能令一切人见到她，都会心生欢喜，敬爱异常。她的名字叫"善无毒"。

中印度又有一座福增大城，城中有位在地方上很有名望、很有地位、拥有百万家财的大富翁，是大众所钦佩敬仰的大长者，名叫谟尸罗。

谟尸罗长者有个福德兼备智慧聪敏的儿子，名叫牛授。谟尸罗长者的祖先是信奉外道，因此，他们都不曾听闻过佛法。

牛授年事渐长，风闻舍卫大城中的给孤独长者，有位长得端正无比的小姐，谟尸罗长者就亲自到舍卫大城，拜访给孤独长者。

谟尸罗见到给孤独，彼此寒暄客套几句以后，就言归正传，谟尸罗说："今天敝人冒昧造府，不为别事，只因听说长者府上有位千金——善无毒小姐，是有名的贤女，故专程到来，为我儿子求亲，不知长者您意下如何？"

给孤独长者一时不知怎么回答才好，他只得说："请等我请示过佛陀，然后再作回答。"

给孤独实时往见佛陀，禀白此事。佛陀说："很好！很好！你承认这件婚事好了，善无毒女，一旦到了那里，便会在福增城内，广做佛事。"给孤独听佛陀说后，很高兴地礼别佛陀回家去了。

回到家里，依照佛陀的教示，给孤独备办了许多嫁妆，把女儿嫁给牛授。

一天，谟尸罗长者在家中备办很丰富的中餐，邀请诸外道来家欢聚。善无毒看到那些外道的裸形丑态，一点礼貌规矩都没有，内心非常不满。虽然不好有言语的表示，但看到她那愠怒的样子，一脸不快之情，就可知道这些外道是怎样地不受她欢迎了。

一向待媳妇疼爱无比的谟尸罗长者，目睹此情，走过来和颜悦色地向媳妇询及不快之因，善无毒很礼貌地回答说："公公！做这么大的集会，能够供养这么多人，当然会获得很大的福报。但媳妇所不明白的，为什么您要供养这些毫无礼敬之心的裸形外道呢？"

长者听媳妇如此大胆的批评，吃了一惊，问道："难道世间上还有比这更有修行的最上导师吗？"

"公公真没有听说过吗？舍卫城外，祇陀太子的花园中，有所祇园精舍。这精舍系我父亲用黄金布地所造成的，供养佛陀讲经说法，福利人天大众。公公！您没听说过佛陀的事吗？佛陀是抛弃金轮王位，出家修行，证得圣果。有三十二相八十种好，身上放出的光明，好似太阳一样的光亮，能照彻十方世界，了知一切有情的过去、现在、未来等三世因果。佛陀是具足如来、应供、正遍知、明行足、善逝、世间解、无上士、调御丈夫、天人师、佛等十种圣号，佛陀的智慧，深如大海，具有无碍辩才，所谓'圣德巍巍，法力浩浩'，有缘的众生，能够见到佛陀的金容、法身，乃至耳闻佛陀圣号，皆可得到无量的福报。"

谟尸罗长者听说佛陀的功德后，说道："媳妇可以引我去见佛陀吗？"

善无毒回答道："如果想见佛陀，应先备上妙供品；而路虽遥远，用大家的虔诚，就可礼请得到佛陀。"

长者谟尸罗，随即办了最可口的素斋，善无毒也即烧诸名香——牛头旃檀、清净戒香、菩提心香等，一心礼请佛陀及诸比丘僧。一时妙香云腾，布满天空，一刹那顷，由福增大城达到舍卫城外的祇园精舍。

居住在祇园精舍的佛陀，已经知道这件事，他看看福增大城的人们，时节、因缘、福力，悉已成熟，这正是宣说佛法的好机会，就很欢喜地要接受礼请，并告诉诸弟子说："明天中午，各人运用神通，到福增城谟尸罗长者家中接受供养。"

第二天中午，佛陀和比丘们飞腾空中，向福增城中而来，到谟尸罗长者家应供。供养已毕，佛陀升上宝座，宣说无上妙法，阐扬苦空无常的真理。这是福增城内大众所未曾听过的道理，因此，在听闻到这妙法后，大众似久渴逢甘霖一样，谟尸罗长者的眷属，及裸形外道，城内士民，同时俱受到无量法喜。

佛陀说法完毕，与诸弟子，又踊身虚空，如雁王南飞，返回到舍卫城外的祇园精舍。

佛教的信女，应该先佛化家庭，家庭佛化了，再帮助佛法向社会推动！善无毒对佛陀的信心，对佛法的努力，实在可作女青年的模范。

衣虱的合约

很久以前，山林中有一位修禅的比丘，非常用功精进。每天，都忙于参禅，所以对衣食住都以最简便的方式来生活。

有一天，这位比丘正在参禅静坐的时候，却被衣虱咬得无法静坐。他实在不耐烦衣虱如此的纠缠，所以特别与它订一个合约，凡是他在用功坐禅的时候，衣虱绝对不能咬他。相反的，若在平时，即任其自由，随它吸血。经过双方的同意以后，大家都很守约束，因此双方都过着平安的日子，比丘能够专心一意地参禅，而衣虱也安心地解决了食住的问题，参禅的比丘日日进步；食住安逸的衣虱，也养得白白胖胖。可是又有一天，却来了一个不速之客，这个客人就是跳蚤，几天的挨饿，使它到处觅食，可幸它找到了肥胖的衣虱，看它的闲逸自在的样子，跳蚤就请教它如何求得安稳的生活，衣虱很自满地说道："我和我的主人，在几个月前曾订立了一个合约，凡是在他修行用功的时候，我就要停止一切的行动，以免妨害他的参禅。如果他不用功的时候，即由我所欲，任我自由，他绝对不阻止，所以几个月来，我们相安无事，过得很快乐。"

跳蚤听了这些话，心里很是羡慕，它说："啊！原来是这样，怪不得你养得这么肥胖！"跳蚤子讲到这里，瞪着两个大眼睛看看衣虱，然后吞了一下口沫说道："不过，衣虱兄呀！你该怜悯怜悯我，你看我这个样子也了解的，三餐得不到一顿饱，如今我瘦成这个样子，衣虱兄！我求你替我想个办法好吗？"

"可以！可以！这是没有什么关系，你也别再客气，暂时住在我这里。不过，请你千万不可越规，否则，大家都会受灾。"衣虱很慷慨地答应跳蚤的要求，就此，跳蚤子也住下来了。

好几天没嗅到肉味的跳蚤，这时再也等不及，虽然比丘正在禅定中，可是它也管不了那么多，便开始东咬西啮地吸血起来，这突然而来的袭击，使比丘从定中惊醒，他气愤万分，随即脱掉衣服，付之一炬。正在大咬大吃的跳蚤和静等在那儿的衣虱，当然也和那件衣服同归于尽。

以上这个故事，就是说大家应该守约，如果犯规，或不善处理，或是不能忍耐，受害的还是自己。

求神不如求己

善罗尼宾听说佛陀在祇园精舍说法，这一天，他带着诚恳恭敬的心，独自走进了园林，想请求佛陀开示！

但是，他没有直入庄严宏伟的精舍里，只是在精舍外的树林下徘徊犹豫，望着这一座幽美宁静的祇园，心中真是羡慕。

偶尔，望望精舍的大门，他低低地自言自语道："佛陀总会出来的吧！"

他的心中，一刻不能安定，矛盾和痛苦，紧紧缠缚着他，使他十几年来，始终寻不到解脱人生苦痛的方法。

过去，当他一有了苦痛，就去求神问卜，但是这么多年来，他所敬奉的天神，从没有过一次满足他的希求，久而久之，他发生怀疑："天神，是不是能解除人生的苦痛，赐予人们的福乐呢？"他陷于矛盾的深渊，不能自拔！因而，他多病多愁，身体消瘦不堪！

正当他陷于沉思的时候，外面正走回来一位比丘，善罗尼宾见他那道貌俨然、行仪庄重的态度，不禁走向前恭敬问道："你是婆罗门的道者吗？"

"不，我是比丘，是佛陀的弟子！"

善罗尼宾瞪目惊讶，什么比丘，什么佛陀的弟子，他闻所未闻，刹那间，他含糊地猜测道："你是追寻人生真理的圣者？"

"我不但在追寻着人生的真理，也是为求现生苦痛解脱的出家人！"

"那么！你能告诉我如何解脱现生的苦痛吗？"他迫切地问着。

"靠自身的努力！"比丘简单而肯定地回答。

如晴天霹雳，善罗尼宾像听到真理的钟声，唤醒了他一向认为人生的一切苦难，是纯靠神力来救度的观念，他惊服地问道："自身的力量，解除自身的痛苦，这是你超胜的独特见解吗？"

"这是我老师佛陀的言教，我只是把老师的言教告诉你，我个人没有超胜的独特见解！"

"你的老师！是谁呀？"

"我的老师，是彻悟人生宇宙真理的佛陀！"

"呵！我听说有一位佛陀，我今天也是来找佛陀的！"善罗尼宾若有所悟。

"是的，你见过佛陀吗？"

"不，我没见过，不过，我常听到别人赞颂佛陀的人格崇高，救世的伟大精神，所以，我早就仰慕了！"

"你来这里是要拜见佛陀吗？"

"是的，我要拜见佛陀，但是，像我这样平凡的人，佛陀肯见我吗？"

"请你不要再犹豫，在佛陀广大的慈悲心中，没有贵贱的分别，他对一切众生都是一样的护念，佛陀当然喜欢见你的！"

于是，善罗尼宾随在比丘的后面，进到精舍里拜见佛陀。

正在禅定中的佛陀，睁开慈眼，和蔼地对善罗尼宾说："善罗尼宾！你来得正好，你有什么问题，尽管问我！"

受宠若惊的善罗尼宾，五体投地地礼拜着，他凝望着庄严和善的佛陀说道："佛陀！我的身体坏极了，从瘦弱多病的身体中，我体会到生老病死的苦难，身体实在是一切苦痛的根源，因此，我相信了婆罗门外道的话，祈求神力的加被。可是，贫穷的依然贫穷，多病的依然多病，久而久之，使我对神感到怀疑。佛陀！我现在的心理非常矛盾，请你指示我，我究竟信神好呢？还是不信神好？"

佛陀静静地听完了善罗尼宾的细诉，指着离园林不远的一个村落，亲切地问他道："善罗尼宾！你看那乡村里的农夫，如果在万物生长的春天，不辛勤地耕耘播种，天天只在神的面前，祈求神赐给他秋天丰收，你想自己没有耕耘播种，神会赐给他秋天的丰收吗？"

"不会！佛陀！不耕耘下种，任他如何祈求，荒芜的土地都不会有收获！"

"善罗尼宾，你回答得真好！再说，有些人不务正业，不好运动，身体日渐瘦弱，家境日趋贫穷，就如不耕耘的田地，日趋荒芜贫瘠一样，决不会因求神而身体健康，免除痛苦，到了秋天能丰收的！"

善罗尼宾默默颔首，心中渐渐开朗！

接着佛陀又问道："善罗尼宾！如果有一个农夫，当他在万物生长的春天，辛勤的耕耘播种，但他没有求神的恩赐，你想，在他的田地里，会不会因他不求神，而没有收获？"

"佛陀！不会的，只要在田里播种种子，虽然没有求神，但到了秋天，仍然会有丰收的！"

"善罗尼宾！就像这样，我们在日常生活中，肯勤俭运动，自然会使身体健康，家业富饶，就如在田里播种了种子一样！

"所以，婆罗门外道的求神，不是解脱人生苦痛的办法，唯有从自己平常的身心活动中，精进地止恶行善，净化身心，就能解脱痛苦，进入静乐的圣境！"

善罗尼宾聆听了佛陀的妙法，如饮治病的圣药，心中矛盾的病根顿时痊愈，他感到未有的欢喜，向佛陀再三顶礼致谢，并皈依了佛陀！

恒伽达

过去在中印度的地方，有个国家名叫波罗奈国。国中的首相家财万贯，富甲天下，但夫妻年老，膝下还没有个儿子，因此到处求子。为了接宗传代，为了那么多的财产无人继承，两夫妇心里很是着急。

总算天从人愿，到他们已经半百的年纪，竟得了一个白胖的儿子。年老得子，分外疼爱，又因此儿生得面目清秀，人看人爱，所以从小就像个天使，父母给取名叫做恒伽达。

生活如王子般的恒伽达，虽然生长在这富裕的环境中，父母又爱如掌上明珠，但他并没有被宠坏，从小就是好学、求上进。当他长大以后，有一天，却忽然请求父母让他出家，首相夫妇哪肯放他出家，恒伽达看父母不答应，甚为苦闷，他认为不出家人生有什么意思？因此想舍命，再求转生出家。起先他走到山峰上，想投下深岩丧命，可是奇怪得很，当他坠地的时候，却平平稳稳，没有受伤。第二次他又走到大河边，想投于河底，虽然他已跳入河中，但很快地又被水送上岸来。第三次，他服了大量的毒药，躺在草地上等死，然而一夜过去了，他还是没有死。最后他想出了一个办法，人家说犯法的人，必须杀头；因此他想以这个办法，来了断此身。

这正是黄昏的时候，阿阇世王和很多宫女都在园池里沐浴，她们脱下的衣服，都放在树林里。可巧，恒伽达走过树林，看见很多衣衫，知道是宫女们的，就故意行窃，窃来的衣衫拿在手里，慢慢地走出园林，可是被园监看见了，马上把他捕住，送到国王面前。阿阇世王知道这种情形，非常生气，拿下弓箭，想射死他，然而奇怪的是射出的箭又返回头来；射了三次，又返回三次。这时国王感到惊异，就问他道："你到底是从什么地方来？你是天人？或是龙种？"

"国王！我不是从天界来，也不是由龙宫来，我是首相的儿子，因为我要求出家，父母不允许，所以我到处求死。但不能如愿，现在请你还是射死我吧！"

国王听了，怒意全消，很是高兴地说道："很好！你既然要出家，我带你去见佛陀，佛陀是大慈父，他一定会接受。"

就此，恒伽达跟佛陀出家修道，因为是国王的介绍，父母当然无话可说。经过不久，恒伽达在佛陀的教导之下，很快地成就罗汉果。

对于恒伽达的捷成罗汉，很多人都感到惊奇，佛陀知道大家的心理，在一天，就向大家说起恒伽达的宿世因缘，佛陀说道："在很久以前，北印度有一位国王，名叫梵摩达。有一天，他带很多宫女，在园林里歌唱游戏，由于宫女们的歌声悠扬，墙外的闲人，被引得高声唱和，这突来的声音，国王听到，很是不高兴，马上令人捕捉，并且送到刑场，将要杀头。刚好这时来了一位大臣，问明原因，知道他是无知，因此怜悯他的愚痴，到国王面前求情。

"救人一命的大臣，虽然那个罪人和他丝毫无关，但他有那一片仁慈，所以在他命终以后，就生于天界，享受一切天乐，然后才又降生人间，与佛有缘，能跟佛陀出家，而很快又能成道。

"诸弟子！救了罪人的大臣，就是恒伽达的前生。"

所以，救人一命，生生世世，就会被人救。

骗夫的恶果

从前，有一个忠厚老实的男人，虽然长得并不英俊潇洒，但娶了一位漂亮的妻子。当然，他对美丽的妻子，爱护备至，体贴入微，有求必应，有什么给什么，家里的事，一项也不给她操作，真是金屋藏娇，尊为皇后一样。

可是，漂亮的妻子，并不满足，她并不爱她的丈夫，而爱上她丈夫的朋友，因为丈夫的朋友比丈夫漂亮风流，她的芳心，完全被一种新的诱惑所吸引，她的身体虽陪伴在丈夫的身边，但一颗心，却系在情人的身上。

有一天，丈夫出外做生意，妻子便心花怒放，像摒弃了一肩深重的累赘，找来媒婆，交头接耳，商量道："我给你千块银钱，你给我保守秘密！'

媒婆见财动心，挤眉弄眼说道："你放心呀！有什么事尽管向我说，我老人家一定替你保守秘密！"

妻子撒娇忸怩道："我有个情人，我很爱他，一日不见，如隔三秋，心中非常难过，日子也不知怎么过才好，我想抛弃我丈夫，嫁给我的情人，要你替我想个办法！"

媒婆做出沉思的样子，沉默了一会，才说道："这很容易，可是，你要给我多少报酬？"

"事情如能成功，我一切依你的就是。"

媒婆很高兴，在她耳边，小声说道："你安心的收拾一切细软就走，等会儿，我去弄一个女尸，放在你床上，你丈夫回来，我就告诉他说你死了，不就好了吗？"

"这样做妥当吗？"

"当然妥当，我这主意，做了好几次，都成功的。"

于是，妻子给了钱，媒婆走了，不久，果然弄来一个女尸，穿上那妻子的衣服，放在床上，打扮后倒有些相像。

丈夫回来，听说妻子死了，却相信不疑，伏在尸旁，哭了几天几夜，就把女尸火葬，将骨灰盛在一个袋子里，并且，日夜随身带着，以纪念他们过去的爱情。

妻子逃走之后，马上和她的情人结了婚，可是日子久了，又觉得这个男子讨厌，脑中又想起先前丈夫对她百般恩爱来，于是，禁不住又跑回来找她的丈夫。

"我是你的妻子，现在回来了。"

"我的妻子早已死了，你是谁呀？为什么要来欺骗我，说是我的妻子呢？"

"我真的是你的妻子，你再看看清楚，以前说死那是骗你的啊！"

虽然她再三说明，苦苦要求，但是丈夫始终相信他的妻子死了，总不肯承认下来。

见异思迁，多欲的妻子，只有过着苦恼的一辈子了。

所以，我们学佛的人，应该明白知足常乐，能忍自安，不能轻信邪说。否则和这个女人一样，自食恶果。

舍生持戒

在某一个地方，因时逢大旱，久久未落一滴雨，很多农作物都被烧焦了，人民都受着饥荒的灾难，谚语说："人贫起盗心。"这些民众，一方面在饥荒中失去教育，因此不懂得礼义廉耻的道德，一方面因饥饿的交迫，生活的困难，而大家结集为盗。凡是路过此地的人，皆被抢劫。后来，虽然下了雨，花草树木皆已成长，可是这些过惯盗贼生涯的人们，已经不愿去做别的工作。有些人，就是想播种，也缺乏种子，因此他们还是继续做盗贼的勾当。

有一天，从远方来了一群比丘，因有事远行，经过这荒野的地方，不幸遇到这群强盗，这时盗群中有一个人就说道："你们是些什么人？赶快把你们的钱财留下来，否则不放你们过去！"

强盗在前，诸比丘并不畏惧，也不嗔怒，其中有一位比丘说道："我们是比丘，是大圣佛陀的弟子，佛陀的戒法中规定，我们的身边不准蓄藏钱财，我们没有金钱送给各位！"

听了这些话，群盗中又有一个人说道："你们既然没有钱，把衣服脱下来给我们换钱也好。"

就此，比丘的衣服都被剥夺去了，但可恶的强盗并不就

此了事。有一个又说："这些比丘马上都要进城，他们一定会去报官，官方必定会起兵来追捕我们，我想不如把他们杀了以灭口。"

当大家对这个建议，还没有做正确的判断时，其中有一盗贼就说道："我们既夺取他们的衣服，又要夺其生命，这未免太残忍，依我所知，佛陀的弟子们，尤其是比丘众，他们对于守口修心甚严，对于伤生害命的行为，更是不敢冒犯。听说，就是青青的树木花草，他们也不愿断其生机。现在我们也不要杀害他们，亲手杀害圣者是有罪的。在此去不远的地方，有生长茂密的绿草，我们现在以草叶代绳，把他们一个个地捆缚在那儿，他们为了怕伤害草类的生机，虽然被缚在那儿，也绝不敢动的。这样我们既不杀害他们，他们又无法报官，不是两全其美吗？"

虽然是强盗，他们的良心人性还没有全部被埋没，对于以上的这个办法，一致赞同，就此依计而行。如他们所料，这些比丘任他们摆布，为了保全绿草的生机，他们都不敢移动。

天慢慢地黑下来了，像这样不抵抗主义，修养不到家的人实在不易做到，这时有一位年纪轻轻的比丘就愤愤地说道："这些强盗真岂有此理，衣服剥去了，还不准我们走，我们为什么要受这种欺负，难道我们不能逃走吗？"

听了这话的年老的比丘，赶快阻止，他说道："那些盗贼无知，我们应该怜悯他们，他们是强盗，都能不杀害我们，我们是修道的比丘，难道就可伤害有生机的草类？如今，我们以修持戒法来求脱离生死，佛陀教示我们人生是以修行为第一，生命是无常的，我们应该把生死置之度外，一心念佛、念法、念僧，只求慧命长存，色身的死亡没有关系。只要有修行能解脱，在什么危险的地方，也能够遇难成祥，如果是业障未了，任你逃到天涯海角，灾难也会跟着你。"

听了长老的开示，大家都心平气和地认真闭目修行，一夜安然度过去了。

第二天，恰好有一位大将军，率其军队捉拿盗贼巡视到这儿来，从远远的地方，大将军就看到一群裸体的人横卧在地上，向前一看，原来他们都被草叶束缚着。大将军问明原因，才知道他们都是圣者佛陀的弟子，遭遇盗贼伤害，因此先送给他们衣服，然后保护他们安全地出险。大将军被这群比丘的德行感动，也做了佛陀的弟子。

只要我们信奉佛陀，称念佛陀，冥冥之中，佛陀都会保佑我们的。唯有持戒修行，才是得救之道！

叛逆的门徒

佛陀自从证得正觉以来，无论什么人，都可以皈依佛陀。出家的男子叫比丘，女子叫比丘尼；在家的男子叫做优婆塞，女子叫做优婆夷。究竟有多少人做佛陀的弟子，佛陀并没有计算。佛陀在灵鹫山宣讲《妙法莲华经》的时候，光是在王舍城的听众，就有以舍利弗、目犍连、大迦叶等为上首的比丘弟子一万二千人，有以摩诃波阇波提为上首的比丘尼及其眷属六千人，有以观音、文殊他方而来的诸大菩萨八万人，此外还有国王、大臣、学者、人民，其数甚多，很难统计。

在那么多的弟子中，有着种种不同的人，但佛陀慈悲地对一切弟子，只要他真心求道，佛陀就从不曾舍弃他。虽然佛陀是从不舍弃一人，但中途变志的人，也不能说没有。佛陀除怜悯他们，为他们可惜以外，也只好由他们去。

在这些变志的人中，有一个企图征服佛陀、夺取佛陀的弟子，他就是当初七个出家王子中的提婆达多。

提婆达多生来的本性就是具有野心而不安本分的人。他见到其他的王子很得佛陀的慈爱，而自己是一向受佛陀的冷落，甚至给佛陀摈斥。他怀着不平的心，他不知道他心中的不净。佛陀完全明白提婆达多的性格，有时佛陀委婉地叫他去还俗，做在家弟子来拥护佛法，千万不要在僧团中惹是弄非，但提婆达多并不肯接受佛陀的劝告。

提婆达多也很认真修道，但他没有从净化身心做起，他的修道，只是沽名钓誉，只想显异惑众，就为这个原因，他很得不到佛陀的信任。

有一天，他要求佛陀教他学习神通的法门，可是佛陀一向总是叫他先在人格修养上完成，不要贪求神通，因为神通与德行毫无关联，所以佛陀就拒绝提婆达多的要求。提婆达多心中不服，他又瞒着佛陀去请求舍利弗、目犍连等大阿罗汉僧。舍利弗等也洞悉提婆达多的恶性，和佛陀同样地拒绝他的请求，只教观察佛陀说的诸法苦、空、无常、无我的道理就好。

提婆达多住在竹林精舍里，他怀着阴谋的计划和险恶的心在等待机会。他不报复，不兴风作浪，他就不甘心，没有势力的时候他也会俯伏低头。

他等了好久，一个机会来了，因为阿难教他学会神通，现在的恶念就逐渐萌芽，他想："佛陀是生在释家，我也是生在释家；他过去是太子，我的父亲也是大王；因为他有神通，天上人间，来去自在，无量数的人对他恭敬供养。我习会的神通，何不来施展一下。"提婆达多如是思维后，因为他知道频婆娑罗王是佛陀不退转的弟子，他知道对他无法，所以他只有以神通力诱惑频婆娑罗王的太子阿阇世，阿阇世真的就皈依他了。

因为提婆达多的念头不正，不久，他就又完全退失苦心学会的神通。

提婆达多有阿阇世王的供养，他充满野心，一般的人不知道他的心，都给他的花言巧语欺骗。但大圣的佛陀早就洞悉他的险谋，有时也注意那些褒奖提婆达多的人。佛陀告诉他们说："愚痴的人，接受太多的布施，这正是为自己播下恶的种子。贪嗔痴三毒盘踞在心中，不修清净之行，每天只想多收弟子，只想在人之上。一方面求丰富的供养，一方面求证清净的涅槃，无论怎么说，这都是不合法理的。求正觉涅槃的心，一变而为贪求名闻利养的心，这不但伤害自己，而且也伤害别人，你们大家不要见了提婆达多受了很多的供养而羡慕，你们的心不要给境界诱惑摇动！"

佛陀的明智，虽然早就防备不幸的事故发生，但意志薄弱的人，见到提婆达多的物质享受，心中很是不安，他们有的还不能舍弃人情的弱点。

佛陀静静地看着僧团中不安的现象，又再向他们比喻说道："芭蕉、桂竹、芦草，中间实起来的时候，这是离死期不远；骡马怀姬的时候，不久也将丧身。小人贪图供养其结果也是相同。"

提婆达多的势力一天一天地大起来，不过他的内心仍然是畏惧佛陀的威德。但他又恨佛陀，他要报复，尤其领袖欲在心中增强他的恶念。

提婆达多想要做领袖，他不得不起杀害佛陀的心。起初，他以金钱收买很多恶汉，叫他们行刺佛陀。有一天，他知道佛陀在王舍城的耆阇窟山钦婆罗夜叉的石窟中坐禅入定，他就指派恶汉前来行刺。他们这八个恶汉，满怀着杀心而来，但一见到佛陀，他那如日月一般的光明，使他们失去杀意而惊惧起来。他们都被佛陀的精神力征服，被佛陀的威德感动，一个个的都闭目合掌平伏在佛陀座前，掷去手中的刀，皈依佛陀做了弟子。

在提婆达多派人行刺后的不久，有一天早晨，佛陀走到院外，见到很多弟子手拿木棒禅杖，集合起来，声音很是嘈杂。佛陀问他们做什么，他们回答道："我们现在听说提婆达多要杀害佛陀，为了保卫佛陀，以防万一，所以才集合在这里。"

佛陀微笑着告诉他们说道："佛陀的生命不是用人力可以防护的，这是异教徒的作风。我不是常对你们这样说吗？如果说到斗争的时候，必须要有真正的准备，才不畏惧对方，你们用棍棒刀杖对棍棒刀杖，不是究竟的办法，不是最好的准备。我早就准备好，你们安心，佛陀的应身没有到要离开世间的时候，即使将来终要涅槃，佛陀的法身，仍然会永远地活在世间上。你们去修道，守护自己的心要紧。"

比丘们听佛陀开示以后，又感动又惭愧地散去。虽然大家散去，但心中仍然好像有什么人要来进攻的样子。有很多修行未熟的比丘或比丘尼，感到不能安心修道，已经觉悟的人，心中则是很安定。人格业已圆满，自性业已清净的佛陀，更是镇静，和平常没有一点不同。

有修养的人，见到佛陀的风度，非常佩服；没有修养的人，都觉得佛陀太软弱，他们觉得以后总要发生大骚动，暴风雨的场面终有一天会到来。

佛陀和阿难有一次经过耆窟山的山下，恰巧给提婆达多看到。他就用巨大的石块推下来伤害佛陀，佛陀没有躲让，阿难则奔逃避开，大石滚落在佛陀的身旁，阿难很慌张地跑来问佛陀道："没有什么事吗？不知是什么人又要想害佛陀，可能又是我的哥哥提婆达多，我真难为情，佛陀的处境太危险了。"

佛陀安详地回答阿难道："阿难！用暴力或阴谋想来害佛陀这是不可能的事。你说，投石的人是提婆达多，可能是的，但也不一定。你不要难过，各人造业各人当，佛陀的处境不危险，我看危险的是你，你看你刚才的样子。"

阿难羞涩地笑道："我慌张恐惧的样子给佛陀看到了。"

佛陀也笑着，用手抚摸着阿难，然后又再前进。

大石投下来不知能否击杀佛陀，提婆达多很是不安，但佛陀并未把此事挂在心怀；佛陀对于死的这个问题，是看成太小的事，可以说死在佛陀的心中是等于零。

可是佛陀的弟子是把佛陀的生命看成大事。大家知道以后，都恳切地要求佛陀，以后要留心，但佛陀像无事似的告诉他们没有关系。

又有一天，佛陀和阿难走在路上，忽然看到提婆达多和他的弟子迎面走来，佛陀很快地避开道路。阿难快快不乐地问佛陀说道："佛陀！您为什么要避开提婆达多呢？他是佛陀的弟子，难道您还怕他吗？"

佛陀知道阿难心中的不平，就安慰他道："阿难！我不是怕他，不过，不要和他相逢，何必要同愚人见面呢？我们都不要同他在一起，也不要同他辩论，他现在满怀着邪念，如同打恶狗，恶狗更是狂暴，不要触犯他，一切麻烦就会减少。"

佛陀虽然不记着提婆达多，但提婆达多决意不放过佛陀。他陷害佛陀是不择手段，他知道阿阇世太子虽然相信自己，但频婆娑罗王依然是信奉佛陀，他觉得频婆娑罗王是一个危险人物，将来一定会与他不利，他想要打倒佛陀，一定先要打倒频婆娑罗王。

就这样，阿阇世王把他的父亲害死了。

有一天，佛陀带领弟子在王舍城外托钵乞食时，城中奔出巨大的狂象，诸比丘一见大惊，要求佛陀赶快避开，免遭狂象的凶暴。

佛陀没有一点慌忙地说道："诸比丘！你们不要为我恐怖，成就佛陀大行的人，还给外来的暴力陷害致死的话，是没有这样的事情。"

佛陀说话时，狂象已走到身边，多不可思议的佛陀，狂象一见到佛陀，即刻跪倒驯服在佛陀之前，佛陀为其授说三皈，大象双目滔滔地流下泪来。

没有凶恶的计谋，见不着慈悲的心肠；没有卑劣的行为，见不到崇高的人格。正因为有提婆达多，佛陀的威德，像朗朗高照的太阳，像巍峨耸立的高山，更令人敬仰！崇拜！皈依！

提婆达多的势力没有多久就像镀的金一定要剥落的，剥

落的时候就无法收拾，提婆达多后来有人说他失踪，其实他是犯了五逆重罪，招感的果报是即身堕入地狱。地狱之苦，绵绵无尽期，提婆达多的命运是够悲惨的！

舍身尽孝

在中印度的北方，有一个波罗奈国，过去在这个国家有个非常聪明的国王，他既仁慈又贤德，他把国家治理得井井有条理。

有一天王后生了一个太子，这太子的出生使所有的人民都高呼万岁，为太子的降生而庆贺。

太子妙相端严，天性柔和，一点嗔恚都没有，所以国王给他命名为忍辱。

太子渐渐地长大了，他长得非常潇洒、聪明，心地也很善良，喜爱布施。

可是在朝内有六个大臣对太子起了不满之心，他们憎恶太子，他们想要灭掉王室，所以也想陷害太子。

有一天，国王生病了，生命非常危险，太子便去告诉那六位大臣："我父王的龙体欠安，现在我应当怎么办？"

"我们曾经向诸小国，求觅药材，但总不能得到。"六位大臣齐声回答。

"什么样的药材，这样不容易得到？"

"国王的病要吃那种没有嗔恚的人的眼睛，以及他的骨髓，方能痊愈，可是到现在已经寻遍了各方，仍没有找到这样的人。"

"我从来就没有嗔恨的心，那么我是不是可以呢？"太子问道。

"虽然你是没有嗔恨心的人，可是这件事是很难做到的。"众人对太子说。

"只要我父王的病能痊愈，我就是舍弃一百个一千个的身体也不以为难，何况现在我只牺牲这污秽的身体？"

"那么随太子的意思吧！"

太子进入宫中，向他的母亲作礼而后说道："现在我的身体要给父王作医病的药，请慈悲的母亲，不要忧愁，为了救父王，请母亲不要恋念我。"

皇后听太子的话后，心中痛苦万分，太子又说："我父王的生命在危，不得让我久停了。"太子说后，便与众人告别，奸臣随即命人把太子的双眼挖下来，又将他的骨头摧出髓，然后和药给国王吃。

国王的病好了，他能上朝视事，在朝廷上问诸大臣说："你们是用什么妙药，医好了我的病？"

大臣回答说："那是以太子的眼珠所作的药料，除此实在没有办法救王的病患。"

国王听后吓得面色都白了，追问太子现在何地？大臣们报告说："太子的身体因伤得很厉害，已经命终了。"

国王得到太子的死讯，痛心万分，但又无可奈何。

后来国王命人把忍辱太子举行火化，所有的骨灰，用七种珍宝建立七层宝塔永远供养。

忍辱太子就是佛陀的前生，佛陀出现于世间，到处都有人为他建塔纪念、供养，这都是从佛陀因中修行而得来的。

失眼复明

释迦牟尼佛在舍卫城中行化的时候，每天从远方赶来听他说法的人总是络绎不绝。在街道、在广场、在精舍，随时随地都可以看到这些善男信女们，带着一颗虔诚的心，扶老携幼一起聆听佛陀讲经说法。

有一天，一位瞎了眼睛的婆罗门坐在路旁，听到了许多脚步声陆续走过，心里觉得非常奇怪，就拦住一位路人问道："你们究竟要到哪里去呀？"

路人很惊异地看了看他说："你难道不知道当今佛陀正在我们城中吗？人身难得，佛法难闻，这千载一时的好机会怎可错过？我们正要去听闻佛法呢！"

这位瞎眼的婆罗门听完就对那路人说："是吗？他真的是佛陀？假如是真正证了正觉的佛陀，必有一种梵音，而那种梵音我是能够听得出来的。好吧！请你现在就带我去，让我听听是真是假！"

那位路人被好奇心所驱使，丝毫不推诿，便带他去。果然他到了佛陀说法的地方，听到了他说法时梵音具足，不禁非常地惊讶，心中顿然欢喜无限，两眼忽而张开起来，证得须陀洹果。他复请求佛陀慈悲收为弟子，为他开示大道，顷刻又证阿罗汉果，并开慧眼，一时在座的大众无不啧啧称奇。

这时阿难尊者从座位中起身，跪在佛陀的面前说："佛陀！自从你降生在这世间上后，饶益众生，像今天这样为他们医治眼睛的事情，虽然已是司空见惯，然而今天医治这位婆罗门，不但肉眼能够使他复明，而且慧眼清净。佛陀！你对他为什么这般隆厚呢？"

佛陀告诉阿难道："我并不只是今天才医治过他的眼睛呀！"

阿难听了以后，又问道："噢，是吗？以前的事情，我们多么希望佛陀能够慈悲为我们开示！"

佛陀这时就开始讲述过去的事情：

过去无量劫中有一个国王名叫须提罗，他的眼睛清净无比，在四十里以内的事物能够完全看得清清楚楚。这位国王心肠非常慈悲，常自念我今天能够贵为国王，都是以前的福报所致。倘若我今世不继续播种善因，广结善缘，恐怕福报一尽，穷困便会接踵而来。譬如一个农夫在春天辛勤耕种，到了秋天一定能够得到丰硕的收成。如果在春天耕种不勤，则秋天的收获，又有什么希望呢？于是他便召集群臣计议，将府库里所积存的金银珍宝衣被食物，统统取出送给人民，给大家丰衣足食。从此政治清朗，国泰民安，周围许多国家纷纷前来朝贡，他的国力也就更加富强起来。

话说这个国家的边境上有一个小国，国王名叫波罗陀跋弥，性情偏激，态度鲁莽傲慢，常常利用他的权势欺压人民，并向人民大征赋税，重使劳役，人民在他的暴政下苦不堪言，人人惧其权势，都敢怒而不敢言。

　　波罗陀跋弥属下有一个贤臣名叫劳特达，聪明智略而有贤德，他看到当时的情形，便向国王说道："陛下，我们的国家现在有五个祸患，必定会招致亡国：第一，陛下性情偏激，凡事不假思虑，以致政策失当。第二，陛下耽湎酒色，不理国事，民间的冤情无从申诉。第三，国内虽然有忠贤的臣子，但是陛下不往咨询，只一味盲目而行，独裁独断，这个忧患已经很深。第四，国土贫瘠，人民生活困苦，求生不能，求死不得，所以迟早将有造反的可能。第五，商人贸易，征以重税，已经超过平常的规度，因此怨声四起。有这五种祸因存在，倘若长此以往，亡国之痛定不可避免。现在须提罗王，以慈化行事，我王何不恭顺其下，而坐食俸禄，使人民咸蒙惠泽而安居乐业呢？"

　　波罗陀跋弥王听了不但不听从他的忠告，而且还对他痛骂一顿，劳特达黯然退出，心里非常烦闷，自忖道："我看国是日非，心想挽救国难，使人民安居乐业，以避免刀兵之祸，可是国王竟不采纳，并将我痛骂一顿，唯恐将来迁怒起来身命难保，俗说，'君不君，臣不臣'，我何不率领群众，吊民伐罪，声讨暴君，以救百姓呢！"

　　可惜他大事未举，事迹就先败泄，不得已只好带着残众投奔须提罗王去了。

　　劳特达既到了须提罗王那里便将这种情形告诉他，并再三向他苦苦哀求，希望能够发大慈悲心，征讨暴逆来救人民于水火之中，于是须提罗王为了解救百姓就传檄四方，训练精兵，浩浩荡荡地向波罗陀跋弥王的国境开来。

不久，波罗陀跋弥王得到这个情报以后，顿时心惊胆战，坐立不安，因为他平日不得民心，百姓正欲箪食壶浆以迎王师，谁也不愿意与他共赴国难，他没办法只好坐以待毙了。

正在这个危急的当儿，忽然有一个谋臣的婆罗门献上一个毒计，他说："我曾听人家说，须提罗王平日慈悲行世，发誓布施，除了自己的父母以外，人家要向他求什么他没有让人失望的，现在你何不招来一个瞎了眼睛的婆罗门去向他请求布施他的双眼，倘能如此，大王不是可以不必枉费一草一卒而退却须提罗王的大兵吗？"

波罗陀跋弥王听了顿时转忧为喜，就照着这个计划去做。

当这个时候，须提罗王国内发现许多警报：雷电齐作，百兽怒吼，举国人民都觉得非常奇怪，不多久，那个瞎了眼的婆罗门果然来到国王的面前说道："我早仰大王施行仁德，所以不惜跋涉长途，来乞求大王的布施。"

大王说："好吧，你希望什么尽管说好了，如果办得到，我一定布施给你。"

婆罗门说："我很久以来就瞎了双眼，所以请求大王将双眼布施给我。"

众人在旁边听到了异常愤怒，正要责骂这个瞎了眼的婆罗门时，不料须提罗王却很高兴地说："好吧，我当把我的双眼布施给你。"说着就拿小刀要将自己的眼睛剜下来。

众人见状，个个吓得目瞪口呆，连忙一起下跪哭泣着说："请大王怜悯我等愚臣，不要为了他一人而舍弃我们。"

然而须提罗王布施的意志已经坚决，微笑着对众人说："如此危险的东西，留了它，过后不久也定会烂坏，今天能够用来布施正是求之不得。"说完便毫不犹豫地将双眼剜下，亲手装进那位婆罗门的眼里并为他祝愿说："我今天得以此眼布施给这位婆罗门，希望他立时复得明眼。"话犹未完，突然天地神宫霎时为之震动，诸天帝愕然惊醒，向下一看原来是须提罗王用眼睛来行布施，大家见状都一起飞集这里，齐声赞叹，散布香花来供养着说："伟大啊！大王所做的布施。请问你为的是想得到什么报酬呢？"

须提罗王回答说："我不希望得到天上的快乐，只希望将这个功德用来作成佛的资粮，务求度脱众生，使他们能够离苦得乐。"

天帝又说："我现在看到你剜下了眼睛一定疼痛得很，不知你心里感觉懊悔吗？"

王说："我一点儿也不懊悔。"

天帝摇摇头说："不见得吧，我看你血流得这么多，身体抖得这么厉害，还说心里不懊悔，这是不容易使人相信啊！"

须提罗王随即发誓说："我今天用双眼布施，虽然周身疼痛，但是心里毫无懊悔，假如我说的话诚实不假，那么我的双眼马上恢复原样。"

当须提罗王发誓后，果然两眼顿时又恢复原样，而且比以前更加明净清澈，于是大家看了这种情形，都齐声赞叹，心里无限地欢喜。他又对婆罗门说："我现在是以双眼布施给你，等我成佛后我一定又把慧眼布施给你。"说完就令侍卫赐他很多的财宝并送他回国。

再说那波罗陀跋弥以为此去一定会带着好消息回来，没想到那位婆罗门却将这种情形告诉他。他听到了不禁异常羞愧，没几天就忧闷死掉了。

佛陀说到这里以后停了停又对阿难说："那位乞求布施双眼的婆罗门就是现在这位盲人，须提罗王也是现在的我身，以前我布施给他眼睛，所以今天看到了我能够复明，并且也为了前缘故能又得慧眼，我生生世世为你们修行苦行，累积了功德，今天才能够成佛，你们也应当效法我而努力修行啊！"

佛陀说到这里，一时在座的大众都倍感佛陀的恩泽，更加刻苦自励，有的便马上得到须陀洹果和阿罗汉果的，有的发无上菩提心，尊者和在座的大众心里都很欢喜，向佛陀顶礼后离去。

商人义行

　　在这无常的世间上，无论是人类，或一切生物，凡是有生必定有死；死是人人所不能避免的，从出生的婴儿开始，就逐步逐步地往死的坟墓前进。人好像钟表一样，在发条旋紧以后，将发动机一拨动，随即一秒一秒地行走，一直走到发条松下来：既有它最紧的时候，就有最松懈的时候。人生也可以说好似灯火，当瓶中的油加足以后，灯火也点上了。于是瓶中的油，就在一分一秒中消耗，等到油烧尽的时候，灯火也就熄了。人生不就像灯火吗？虽然大家都同样的有个终点，毁坏死亡，可是，只要死得有意义，死得光明，那死有什么可怕？有什么痛苦？反之，如果冤枉地死亡，那就太不值得了。

　　过去很久以前，有一个大商人，他带了很多小商人，到外海去采取宝物。经过一个月的时间，他们每个人，都寻获了很多的珍宝，每艘船都满载而归。

　　这一天，他们带着高兴的心情，正在归航中，有的唱歌，有的跳舞，有的在为未来的富贵而干杯。正是喜气洋洋的时候，谁也没有料到，万里的晴空，一忽儿，乌云密集，把温和的阳光挡住了，随后就是狂风巨浪，猛击商船，澎湃的海涛，打破了商船，所有的商人都沉于海里。这时为了求得安全的生命，他们在海里面挣扎着，凡是有一件浮在水面上的东西，无论大小，大家都想用力去抓住，因它会使人感到无上的依靠，这时那大商人，也和同伴们一样，在海里做最后的挣扎，终于他抓到破船的大木块，借着木块的浮力，他不再下沉了。可是同船的人，有的在高呼救命，有的已不知被海浪卷到哪儿去了。大商人见到这种情形，心里很不忍，自己虽然能够安稳得渡，但是那悲惨的呼救声，难道能一点不顾吗？大商人忽然生起慈悲的念头，他用力地游到呼救的地方，此时大家拉紧他的衣服或是手脚，于是一同出险。

大商人的背上，双肩，以及两腿都有人抱住，可是风太大，浪也太高，有的人在半途就被海浪吞没了。大商人使用平生之力，将这些人拖到岸上，可是，大商人自己太疲倦了，他再也没有力气爬起来，终于气断身死。

为了救活同伴，他不顾自身的安危，虽然他牺牲了，可是死得有意义，死得有方。

这位大商人就是佛陀在往昔因中修行救人的一段事迹。

海神

有一群商人，他们是同业的珠宝商，住在舍卫城里。

一次，他们提议要组织采宝队入海去采宝。经过决议后，就各自拿出钱来合资成立一所采宝公司。因为参加的人多，采宝队也就很容易地组成了，但是出海时还须要一位有航海经验的人来领导，最好给他船长的地位。结果在舍卫城里找到一位有名的航海家，他的才能和道德都好，精通佛法，辩才又好，是一位虔诚的佛陀信徒，也是已经受过五戒的优婆塞。

采宝队诸事备齐，选择一个良辰吉日出发。这一天天气十分晴朗，万里无云，船身渐渐离岸，驶向海中去。天空一片蓝色，海底游鱼都在嬉戏，只见天连海，海连天，一片茫茫，无边无际。众人正在逍遥海中，观赏海景入神之际，海神出来做怪，他变成一个夜叉出现在众人面前，挡住船身前进，预备把船打翻的样子。形体难看得使人害怕，皮肤黑得带青，一个大嘴巴，裂得快要和耳朵相接，凸出的两颗大犬牙约有五寸长，头顶上又有一把火正燃烧着，攀在船头对人问道："世间有人比我更可怕的样子吗?"一句问话，随之就是一阵阴风，早把那一批商人吓得魂飞魄散，哑口无言，只有船长镇静地念着观世音菩萨的圣号。

"比你更难看更可怕的多着呢!"船长慢慢地一字一句地回答。

"你这个人是谁?"海神反问,并带点惊讶的神情。

船长本来有几分害怕,但念起菩萨圣号,胆子壮大了许多,说道:"世间上有些愚笨的人,常做些坏事,犯了五戒,不作十善,死后坠入地狱受种种苦,下油锅、割舌头等,他们的形状比你难看、比你可怕,不知要胜过你几千倍呢!"

海神听了船长的话默默然,一会儿便没入海中,船长和众人愣了好久。船再向前驶,众人不敢说一句话。

忽然间,海神又变成一个不成人形、骨瘦如柴、皮肤又黑又干的怪模样,让人一看就有急需要水的感觉,他拉着船问道:"世间上有比我还要瘦的人吗?"

"有啦!还要比你瘦几十倍,你远不及他呢!"船长很镇定地回答。

"是什么人?瘦成那个样子呀!"海神感到万分意外,急切地问船长。

"世间上一些痴人,心量很窄狭,又犯上悭贪、嫉妒,也不知道布施、耕种福田。这般人死后坠入饿鬼道中受苦,他的身体大如山,但咽喉小得像针孔,头发乱而长,要吃东西,吃不下去,甚至几千万年见不到水和五谷,可想而知这些人的瘦,要比你瘦上几十倍。"

海神听后忽然又不见了。

大船被海浪冲击在摇晃中向前驶,船上的人,除了船长外，无不战战兢兢地互相望望。不多久，海神又化为一个美男子，容貌很端正，在人间的确没见过。他攀船后，问所有的船客道："我极美吧，有人美得和我一样没有？"

没有一个人敢回答，但内心早已想说他是绝世的美男子。但船长在众人中回答道："有人胜过你，美得几千万倍。"

船长这么回答使海神又是一阵惊奇。他接着说道："人间一些明通事理的人，他们奉行十善，清净三业，崇信三宝佛法僧，随时随地知道供养布施，这些人到命终时，会升到天上，他们的形体、相貌，端正得没有人能和他们比，你要和他们比简直是瞎猕猴比妙相女呢！"

海神没话讲，三次变形都不能难倒他们，但是仍旧不死心，随即拿出一个杯子，盛上一杯海水问道："这杯水和海水，哪个多呢？"

船上的人异口同声说："当然是海水……"

但话未说完，船长却先回答道："一杯水比较多，不是海水多。"

幸亏答得快，才阻止大家要回的话，这话说出却使船上的人都感惊奇。海神对船长追问道："仁者所说的是实在的话？"

"我会欺骗人不成，当然是千真万确的。"

"不见得吧！"

"海水虽多，但是有枯干的一日。世界末日到来，劫欲尽时，两个太阳一起出升，泉水源流一定会全部涸干。三个太阳一起出升，小河小溪，没有不干的理由。四个太阳一起出来，大江、河、川，就不能看到一滴水。五个太阳齐升，大海里的水会渐渐减少。六个太阳齐出，海水三分减二分。七个太阳并出之时，海底要飞起尘沙，须弥山也要崩溃，地也会热燃而陷。如果有人能起信心的话，拿一杯水去供养佛陀，或去布施给僧众，或是奉送给父母、敬师长、惠济贫民，以及正需要吃水的禽兽，这人的功德，是历劫不会灭的。照此看来，表面看海水虽多，杯中水虽少，实际上海水是不多而杯中水才多呢！"

海神听后非常欢喜，便带领他们到达水宫宝库所在，拿出很多极其贵重的东西赠送给船长，再拿一些给船上久未开口的采宝队员，又选了更妙的珍物施佛及僧。

为人，修行，要不给外境所动，才能解脱！

银色女

在印度的南方，有一位贤惠的女人，她的名字叫做"银色"。她不但品貌端庄，待人亲切，还是一个有智慧、有勇气的女人。

有一次，在她从远方要回家的途中，遇到了一个很贫穷的人家。那人家只有一位少妇，她刚生产下一个男孩子，这小男孩的相貌长得很好。可是这位贫穷的女人，抱着那小孩，目不转睛地凝视呆想着。

银色正好从这贫妇的家门口经过，她看到这种情形，便走进去问那贫妇说："你在想些什么呢？你有什么困难吗？"

产妇说："我已经好几天没有吃饭了，饥饿得快要死去，正想要吞下这孩子来充饥。"

银色听了马上阻止她说："这可做不得，难道现在你家里连一点吃的东西都没有吗？"

产妇回答说："我在前世犯了悭贪的罪，今天算是受到报应了，家里哪有什么可吃的？"

银色说："那么你稍微等一下，我回家去拿点吃的东西来。"说完转身就要走，可是产妇叹一口气说道："唉！你这位好心的姐姐啊！我现在已经饿得头晕眼花，如果等到你把东西取来，我也已经饿死了。"

银色女听她这么说，也就停止了脚步，心里思量着："我若不回去拿东西给她吃，她没有得吃，一定会饿死的；若是回去拿，这小孩子一定会被她吃了。我应该怎么办好？我一定要牺牲自己来救这两条生命！"于是她对产妇说："你有刀没有？"

产妇举起发抖的手，指着放刀的地方。银色看见那磨得锋利的刀，就伸手拿起刀来，毅然地将自己的两乳割下来给那产妇充饥。

然后银色又对产妇说："这孩子是我身上的肉赎来的，现在暂且寄在你这里，我回去家里拿食物来，免得他受饥饿之苦。"

当银色回到家中，家人看见她血流不止，流了满身，都非常惊异地问道："谁伤害你了？"

银色随口回答说："是我自己做的，因为我发菩提心，忍痛割乳房，给一位产妇充饥，救一个刚生下的孩子，虽然我舍弃了双乳，但我救得了她们两条生命。"

"当你割乳之时是欢喜呢，还是苦恼的呢？"旁人问她。

"我割下两乳是出自欢喜愿意的，我没有一点后悔的心，哪里还会苦恼？"

这事情很快地传遍开去，天上的帝释天也听到了这个消息，他默默地想着："那位银色女为了救济众生，竟能做如此了不起的事情，我也去试试她的慈心。"于是帝释天化做婆罗门，左手拿着一枝拐杖，来到王城银色女家门前乞食。银色

女听说有人来乞食，马上就盛出食物来供养。

帝释天看见银色女出来，便向她说出来意道："听到说你割乳救了一对孤苦的母子，今天特地来请问你，在那个时候，你为了什么才那样做？"

"我发大慈悲心，为无上道。"

"发这种大菩提心，是非常困难的，假若在布施以后，忽然生起了后悔的心，这样，非但没有功德，反而会有罪过。当你布施的时候，你是不是很欢喜呢？还是有什么异念？"

"我现在发誓愿要求得一切智慧，要亟救度一切众生，所以当割下两乳时，并没有后悔的心。我到底有没有生不满的心，诸佛如来是知道的，如果我没有后悔的心，内心没有异念的话，我将来会以女身变成男身。"

帝释天听后，非常恭敬，银色女的话说后不久，说也奇怪，她真的变成男子。

成为男子的银色，心生大欢喜，第二天他就到处去游玩。有一天，他休息在一棵大树下，正当这个时候，这一个国家的大王，名叫莲花王，忽然得了急病驾崩了，莲花王没有儿子，这时诸大臣都到处去寻求一个有智慧有福德的人来做国王。

于是他们走到那一棵大树下，见到一位品貌非凡、威仪具足的人正在那里熟睡。他们见到这么一位庄严的人，都舍不得离开了，一直守候在那个地方。

太阳下山了，黄昏即将来临，这个人仍然甜睡着没有动静，那些大臣们只好拍手掌令他觉醒。

他一惊醒，看到这么多人围绕着他，并很恭敬地把他扶上了车，驱进王宫，为他穿上王服，戴上了王冠，请他治理国事。

这时他才知道原来是要他做国王，他对大臣们说："我实在不会做国王。"可是这些大臣们无论怎样，也要请他做，到后来没有办法，只好答应下来。

大家都集聚来庆贺，他便对大家说："要我做国王，好的，但是你们要修十善道，去除十恶，这样我才做国王！"

"依教奉行！"大家齐声地答应着。

从此全国的人民，都修十善法，制止十恶，真是国泰民安，法乐无穷。

鹿野苑

从前，在印度恒河边，有一只身上长有九种颜色的鹿，名叫九色鹿，非常矫健美丽！

当它在河边饮水食草的时候，树上的一只乌鸦，即来陪伴它，它们是知己的好朋友，有时游戏，有时说笑，过着恬静舒适的生活。

有一天，从恒河上流，漂来了一个人，他在水中出出没没地叫喊道："山神呀！树神呀！诸天龙神呀！请怜悯我，救我出水！"

在河边吃草的九色鹿，听到水中有求救的声音，急忙跑到水中把那人救上岸。

骑在鹿背上的那人，虽然平安上岸，但九色鹿把全部力气使尽后，非常疲倦地倒在岸上。

这时，那人感激得流出眼泪，对鹿拜谢着，并许愿说："鹿呀！你是我的救命恩人，我没齿难忘你的大恩。我愿意天天割草挑水，送给你饮食，就算我报答你救命的一点小意思，请你不要客气，接受我的要求吧！"

倒在河边的九色鹿，听了他的话，摇摇头，好像是在说：

"谢谢你，用不着你这样，我在这里饮水食草，已经习惯，何况自己的事，应该自己做。你还是回去做自己的事。不过，我的处所既然给你知道，请你千万不要告诉别人，否则，打猎的人，会来伤害我的生命！能这样就是你报答我的恩惠了！"

那个人，见鹿摇头，也像是明白他的意思，就很感激地离开了。

有一天晚上，国王的夫人，梦见一只有九种颜色的鹿，非常美丽，鹿角白如雪，身上如穿花衣，夫人醒来，记在心中。

次日，她向国王撒娇地说："王呀！我要九色鹿的皮做坐褥，鹿的角做拂尘的柄，如果得不到这两样东西，我就不起床，就这样死了好吧！"

国王听了安慰道："你先起床吧！我是一国的国王，什么财宝都可以得到，何况一只鹿呢？"

于是国王下令，能捉来九色鹿的人，就会赐给他金银财宝并封官显爵。

从前被鹿救过的人，见了王榜，对金银高官，生起贪欲的心，顿时丧失仁义人性，前去揭榜。

守榜的人，就把他带到国王面前。他禀告国王说："我知道九色鹿住的地方，但是希望国王多带兵马，才能擒捉这鹿，因为这鹿不比寻常，非有大力不能胜！"

于是，国王带了许多军队，刀枪全备，好像要和敌人打

仗一样，浩浩荡荡向九色鹿住的地方出发。

在前面带路的就是那位忘恩负义的人。忽然，他的脸上生起白癞，痛苦着，但是他不知忏悔，仍然向鹿躲藏的地方走去。

逍遥自在的生活，九色鹿仍很安稳地在树下睡觉！

它的乌鸦朋友，看到尘烟弥漫，有许多人马，向森林疾驰而来，于是料知要出事情，便大声叫起来："鹿呀！鹿呀！有人来捉你了！"

但是，九色鹿睡得太甜蜜了，没有听到乌鸦的呼唤！

于是乌鸦焦急地飞下来，在鹿的耳朵上，用嘴猛力一啄，鹿才从酣睡中惊醒，乌鸦慌张地将消息告诉鹿。

说时迟，那时快，森林的四周，已重重被兵马围得水泄不通，站在高处远望的九色鹿，自知不能逃脱，只好直奔出来。

军队见了，举箭要射时，鹿说人话，大声道："不要射我，不要射我，我有话禀告大王。"

国王和众兵，听到鹿说人语，不由一怔。鹿跪在王前哀诉道："我有功于国家，为什么大王要捉我？究竟是谁告诉大王我的住处？"

国王指着癞人道："就是这人告诉我的，你有何恩于我国家呢？"

鹿回答道："我从前曾救国王的人民，就是这人！"说着将过去的事详细告诉国王。

国王听了，心中不忍，愤怒地指着癞人骂道："恩将仇报，不如禽兽！鹿是鹿中人，你是人中鹿，真不知惭愧！来人，把癞人捉住。"

于是国王下令处罚癞人，并且严禁人民不许在此打猎，违者与杀人同罪。

从此，人民不敢在此捉鹿，而各处野鹿群集在此依靠九色鹿，并举它为鹿王。那个地方，久而久之，人们称之为"鹿野苑"。

王舍城

在佛经里面，常常会提及王舍城、舍卫国、灵鹫山这几个地方，对于这些地名，我们并不陌生，可是关于这座城的由来及为何而得名，这是我们所不了解的。

过去很久以前，也就是佛陀在世的时候，有一个国王名字叫做频婆娑罗王，为人很和善，办事极精明，因此国中的人民，都安逸地过着生活。可是很不幸的，在这座城里，常常有火灾的发生，至少在一两个月的时间内，就有一次大火灾，不是西边的房子被烧，就是东边的房子被烧，此起彼落地，使人民常为此而担忧烦恼，可是愈是小心愈闯出祸来。为了民众的安心过日，国王也束手无策，终于召集群臣，经过周密的研究之后，国王下了一道命令说："凡是以后再引火成灾的人，即要该户全家人，都搬去城外的寒林居住，不能再留住于城里。"

命令发出以后，频婆娑罗王以为这下子可安心度日了，哪里知道过了没有几天，却由王宫里面发出了火灾，火势的雄猛，没有人敢向前救火，火光照红了半个天空。这时的国王，真是狼狈不堪，自己所下的命令，今该由自己遵行。为了维持自己的威信，他不得不搬到寒林去。可是，一天没吃饭不要紧，国家怎么可以一天没有国王？当频婆娑罗王搬到寒林以后，人民的安定生活都动摇了，国中没有了领袖，其政治、经济、文化，以及一切都受了影响，这时思慕国王的老百姓和大臣及侍从们，也跟随国王搬到寒林去了。

以前是没有人开垦而荒凉的寒林，如今却慢慢地变成一个新都市，因前前后后搬来的居民，越来越多，就此在这儿又形成了一个王城。由于国王舍去了旧国，搬到寒林，才使寒林改变成美丽的王城，所以为了纪念旧有的国都，这所寒林即改名为王舍城。这个王舍城，也就是佛陀常在那儿说法的王舍城。

【智愚篇】

一切处所，

一切时中，

念念不愚，

常行智慧，

即是般若行。

一念愚即般若绝，

一念智即般若生。

——《坛经》

求美之失

　　从前，有一个狂徒，娶了一个女子，善于治家，德性既好，人也能干，不过，唯一遗憾的就是她的鼻子生得难看。鼻梁是歪的，鼻端是塌的，鼻孔是露的，五官中如有一官生得不好，便会连累其他四官都减了色彩。

　　狂徒自从娶妇后，不断添了不少心事，无非为着他的妻室一个鼻子横生计较。日有所思，夜有所梦，那是不能免的幻空境界。

　　一日，狂徒困倦打瞌睡，忽然间，好像身子离开了他的家庭，在外边散步游玩。但见一路上往往来来，多是年轻妇女，容貌都生得十分端正，美丽无比。

　　忽然，他望见内中有一位贵族打扮的女子，鼻子生得很丰满出色，在所有女人的鼻子里，可算是最美的了。狂徒为着鼻子，一向颠倒梦想了不知几多日子，一时眼中看见了这个美丽的鼻子，自然格外倾心，自己心下思量道："最好把这位女子面上的鼻子割下来，装在自己妻子的面上，那我的妻子不就是变成美人了吗？"

　　很奇怪的，狂徒才一动念，这个女人的鼻子应念即来，已经到了狂徒的手中。此时，狂徒心上万分欢喜，三步当作

两步，奔回家中，见了妻子，急忙在身边取出一柄快刀，把那不端正不中看的鼻子，血淋淋地割下来，就把那美丽可人的鼻子，装在妻子的面上，费尽多少心力，总觉不贴切，一脱手，便掉下来。既损人又未利己，破了人家的相，造下孽障，又破了自家妻子的相，连塌陷的鼻子都留不得，愈觉难看罢了。

世间多少狂徒，人见我见的界限太分明了。自己懒下工夫，毫无成就，不知受尽世间几多白眼。同时，许多高僧大善知识，因为苦心修养，成就卓然，他们所下的苦功，不过为着自度度人的两重大愿，并不想求人间的什么名利恭敬，可是他们越自平淡超脱，世人便越要敬服赞美他们，那人我见界限炽烈的狂徒，心上却十分不自在，妒忌心生，造诽谤语，阻止法门的教化，增加自己的罪过，和那截鼻的狂徒之见解，一样差误。

愚人买驴

从前，印度婆罗门教中，有一位学者，眼见国中奢风日盛，人心世道，大有江流日下的趋势。学者对这件事非常关心，竟把挽救奢风当自己肩头上的责任，天天把提倡俭德，来作为他的行持，他是有志挽救时代的狂澜。

因为他热心提倡俭德，地方上不久便有许多正人君子表示同情，大家聚拢来办了一个崇俭会。

某日，学者就在会上提议，约定日期，举行演讲大会。演说节俭的无数好处，使社会大众能够早日觉醒。当时会中同人一致赞成，学者又提议在开会的一天，会中应备些很简便的饮食物，所有安放饮食物的器具，都用很质朴便宜的瓦器，做给众人看。当时会中表同意的，也占了多数，学者便派遣其弟子至他处请窑业专家，陪同入市，采办价廉物美的瓦器。其弟子奉老师之命，即往窑业专家居住的地方而去。

途中，正遇瓦器窑送货的人，赶着驴车，满载着新瓦器，入市求买主。那只驴性甚劣，行行且止，送货人屡加鞭打，驴性顽皮，并不在意。送货人扬鞭痛打，催驴前走。但驴子不肯前进，却回头向侧而行。适逢低凹处，驴一失足，货物

倾翻，新瓦器尽数破损。送货人无奈，牵着驴子拖着空车，返回瓦器窑，向主人啼哭，陈诉中途失事的情形。弟子见此情形，不解，便问送货的人道："你为什么要悲伤哭泣呢？"

"我随主人辛勤制造，费了许多时日，方成这许多瓦器，满想入市去卖了金钱，回家生活。万万料想不到，这头恶驴，竟一时打破了我们多日造成的瓦器，主人爱我，付我全权，我今为这恶驴，误了主人的事情，辜负托付，既恨且惭，所以悲苦。"

那位学者的愚痴弟子，错会意思，心中就忖量着，他以为这头驴子本领可真不小，瓦工主仆多日的辛劳，造成若干瓦器，驴子只消片时工夫，便把他们多日造成的东西破坏无遗。岂非瓦工主仆的多日工夫，还比不上驴子片时么？因此就向瓦工问道："这头驴子，能否出让，如能出让，我当买去。"

瓦工闻言，欢喜非常，随即卖给他了。弟子洋洋得意，骑驴归家，自以为买了好驴，学者问他道："为什么不请窑工来，却骑驴来做什么？"

弟子细述所见，并回答说："瓦工与仆费多日工夫，造成若干瓦器，这头驴子只消片时，便能够毁坏无余，瓦工无能，所以我就没有请他同来。这驴子的本事大，所以出钱买回。"

学者听了，连连摇头，对弟子说道："你真是笨人，一点知识也没有。此驴受主人大恩，终年饲养，未报主德，反毁主器，使主人厚招损失，此种劣性驴，虽养百年，也无寸益。

你买这劣驴最不上算，反而妨害俭德罢了。"

有一种人，入世多年，一切幸福，现成享用。年年月月，受着人间的供养，未曾出过分毫心力，酬报人间。偏偏作恶造孽扰乱损害人间，背恩负义，毫不惭愧，比那劣驴不相上下。

画波作记

古时候，有一个商人，因有事要渡过某处海湾，就雇来一叶扁舟，随身带着几件心爱的东西，匆匆上船去了。那船出了港口，渐渐一望无涯，海阔天空，迎面风来，令人胸襟开阔。商人闲坐舱中，忽见白浪翻滚，从船边涌过。他的好奇心起，便向身边取出一只银钵来，向船边掠取浪花。怎知偶一不小心，手边一滑，把那祖父传下的一件宝物，跌落在海里，随着那滔滔不休的海水沉入白浪中去了。商人暗暗思忖道："现在，我如果在水面上，画一道波痕做记号，不愁年深月久没有寻处，他日尽可随着这个记号搜寻，不难物归原主了。"

于是，便唤水手稍停，急忙取出一小小竹竿，猛向水面画了一下，就催促水手摇船前去。经过了两个月，这位商人在水上已不知走了多少路程，船也不知停了多少次码头，常常在海上航行着。

有一天，他的船行到一个很阔的河面，他望水凝思，蓦然想起两个月前，银钵失落时的情况。他想得出神，好像在波涛中，看见一条波痕，急忙唤水手停船，他就换了入水衣袴，在水中寻觅多时，一无所得，只好出水休息。水手感到奇怪，问道："主人刚才入水，寻觅什么东西呢？"

"我从前失掉了一个银钵，现在正要寻找它。"

水手又问道："你那个银钵在什么时候失落，落在什么地方呢？"

"两个月前，在我初入海时失去。"

"这里是内河阔处，并不是海面，为什么在此寻觅呢？"

"我失却银钵时，亲手画波作记号。今见此处波浪，与前次所画水痕毫无差别，所以就在这里觅取。"

水手不禁失笑道："水面形状，虽然没有差别，但是失却银钵时，原在彼处。现在偏偏在此地穷搜，怎能侥幸到手呢？"

商人默然无语，当时在这河面上来往的船只很多，乘客们听得这段说话，都呵呵大笑起来。

世间上有一种外道，不修正行，偏偏在相似的善法中，横计苦因，希望解脱。正如这人在海上失却了银钵，偏要在内河觅取一样的愚痴无知了。

米谷粉墙

有一个愚人，入城探望朋友。路上见一新宅，装潢精美，光彩耀目。一入大门，即见宅内地面宽平，陈设整齐，尤其洁白的粉墙，细腻光泽，赞美不已。

此时主人在里面听得人声，疑为客至，急忙整衣出来。愚人便恭恭敬敬地行了一个相见礼，向主人问道："这座房子，造得精致极了。不知道这四壁用什么材料，涂得这般细腻光洁，敢求主人指点一二。"

主人和颜悦色不惮烦劳地答道："这样材料，并非珍奇难觅。不过用些稻草制成的纸筋，浸入水中，使它软热，搀入新化的石灰粉浆中，捣和了泥，涂以此壁。弭缝孔隙，徐徐把它刮平，等待干时，再加上细浓粉浆，不久干燥，颜色变白时，再加润色，便能这样美观了。"

愚人低头想道："原来稻草有这般作用，稻草在我们乡间，是不值钱的东西，不如连值钱的谷子加在里面，就更有价值了。况且谷子里藏着美玉一般的白米，比他们单单用稻草做的涂料，当然要显出百倍美观了。"

愚人起了这个痴念，便别了主人，匆匆回去。就照自己思想的，配出了新式的涂料来，也不唤什么水泥匠，擅自把自己配合的涂料，涂在自己住宅里所有的墙壁上。哪知枉费了许多谷米，同时也枉费了许多气力，非但满意的成绩没有得到，连最平常的粉壁也不如，但见新涂的墙壁，高高低低，没有几方尺是快人意思的。况且他所配的涂料，时节因缘都未成熟，所以显出许多裂缝，更觉难看了。

虽然谷子从农家眼光看来，并不甚稀罕，但如果村农不把它任意作贱，而好好爱惜，逐渐积起来，遇着可以布施的机会，慷慨布施，岂不是可以做很大的功德？可惜村农没智慧，白白地抛弃了多少米谷，换来无限的懊丧。

误解佛法的意义，或自作聪明，修行不如法，往往会弄出毛病，那是无益而有损的。譬如凡夫听了圣人说法，修行诸善，等到此身死去后，可得生天，或者得到解脱。他竟断章取义地自杀了身体，望得生天，结果徒自丧命，对修道却毫无所得，犹如上面说的那个愚人一般。

尊敬长老

佛陀将要行化到舍卫城时，被讥为六群比丘的弟子们，先佛陀和大众到了祇园精舍，占有坐卧处，还对人说："这是我们的师父的，这是我们的地方！"

后来尊者舍利弗在佛陀后赶到精舍时，见坐卧处都给占满。尊者没有坐卧处，即坐在树下。佛陀那天朝晨起身，听到尊者舍利弗咳嗽的声音，佛陀问道："谁在那边？"

"佛陀！我是舍利弗。"

"你为什么坐在那里？"

舍利弗就告诉佛陀，房子都给大众住满了，自己不得不如此。佛陀就此因缘，对比丘众说法道："比丘们！什么人才能受上等的床座，上等的水，上等的饮食呢？"

有一比丘说："佛陀！由刹帝利族出家的才堪受上等的床，上等的水，上等的饮食。"

又一比丘说："佛陀！由婆罗门族出家，乃至持律者、说法者，都可以。"

佛陀庄严地对比丘众说："往昔雪山中住有鹧鸪、猿、象三友，他们不互相尊敬，后来觉察反省，我们当中年龄智慧最长的要尊敬他，要依他的教诫。因此，他们后来就互相尊敬，相信身坏命终时定生到善处。因为崇敬法的年老者，在现世能得到称誉，后世能生善趣。所以，比丘们！你们要互相敬爱，我的教法中没有阶级的分别。但是，比丘们！你们对法腊年龄的长老，要奉事、礼拜、迎礼、合掌。长老许受第一的床座，第一的水，第一的饮食。"

好运不死

从前有一个妇人，性情轻浮，爱慕虚荣，不爱那勤俭淳朴的丈夫，并且对丈夫生有恶感。她想提出离婚，又为当时法律所不许，于是时时刻刻想方法，要来谋害她的丈夫。可是她想来想去，总得不到妥当的机会。

有一天，适逢她的丈夫到外国去，她就做了五百个饼子，暗中放入毒药，叫丈夫带在路上作干粮，并对他说："你出了国境，碰到肚子饿的时候，可以拿来充饥。"

老实的丈夫，不明白其中情况，还感激妻子的好意，就辞别了她出发了。

第一天，他走得很快，过了中午，已到邻国的国境，因为他当时肚子不饿，饼子也不曾吃过一个，天黑了，就在林里过夜。他很害怕野兽，于是就爬到树上去睡觉，那五百个饼子却忘记带上去，丢在树下。

不料这天晚上，刚有五百个强盗，抢劫了邻国国王的五百匹马和许多宝物，来到树下休息。这五百个强盗因为已经奔走了许多路，肚子都很饥饿，忽然看见树下有饼，而且刚好一人一个，大家就拿来吃了。这样，这五百个强盗，都毒死在树下。

这个人在树上，一觉睡到天亮，醒来后看见这许多强盗死在树下，他就拿了一把刀，向每个强盗的尸体上都砍几下，当作是他杀死的，然后收集了宝物和马匹，到邻国国王那里去请赏。

那邻国国王也自己带了一队兵士来追强盗了，和他恰好在半路上遇到。国王问他说道："你是什么人？在哪里得到这五百匹马？"

他回答说："我是某国人，我在路上遇见这五百个强盗，就和他们对敌起来，结果，他们个个都被我杀死在一株树下。因此，我现在带了这些马和这些宝物，来见国王，国王如果不相信，可以到那树下去看。"

国王立刻派了亲信去看，回来说是一点儿不错，五百个强盗都杀死在那里。国王听了很欢喜，说这是从来未见过的勇士，就带了这个人，一同回京城去，赏赐了这人许多的宝物，还叫这人在一个地方做官。

国王的那些旧臣，对他很是嫉妒，就对国王说道："这个人是从别国来的，不可太相信他。现在国王这样对他重赏和优待，已大大地超过了一切旧臣，这未免有些不妥当吧？"

这个人听到他们在国王面前说坏话，心中很气，就对他们大声地威胁着说："如果谁有勇气，能够和我比武，请到广场上，较一较本领罢！"

那些旧臣听到，个个都吓得不敢作声了。不过在第二天，他们又想出一种计策。因为那时他们国中，在一个大荒野里，有一头非常凶恶的狮子，在那里拦路吃人，没有人能够捕杀

它，那些旧臣就对国王说道："这个外国人既然这样勇猛有力，可称没有人敌得过他。现在就请他去杀这头狮子，替我们国家除这个大害吧！"

国王采纳了这个意见，就给了这个人一把刀和一根棍子，叫他去杀狮子，这个人受了国王的命令，不得不去，就硬着头皮，壮着胆子，向那荒野中，去找那头狮子。

狮子看到他后，立即大吼一声，向他奔跃过来，他惊吓得立刻爬上树去躲避。狮子就张开血盆似的大口，仰着头对他吼叫。他在树上恐惧得只会发抖，连拿在手里的刀，都抖得掉到树下去了。可是很凑巧，这把刀刚刚落在狮子的口中，狮子竟因此被杀了，这个人当时欢喜得什么似的，就拖了这头狮子来见国王，国王加倍赏赐他，许多臣子也只得敬服他了。

呆人有呆福，命运是不可思议的。

杀儿求儿

有很多人，盲目地听信愚痴的外道和害人的邪说，为求未来福，而自投火坑，没有理由地修种种邪法，苦身自害，以求那不可希冀的生天福报，这是与佛教原理相距很远的。

从前，有一个妇人，她虽然已经有了一个孩子，但是，还想再生一个，可是盼望了几年，并没有生下一个孩子。于是，心中很焦急，天天纳闷，这里求签，那里问卦，到处乱撞，终于找到一个妖婆问道："你说我有什么方法，能再生一个儿子呢？"

这个妖婆是祭祀天神，作弄法术的，就毫不迟疑地回答道："我有方法，使你再生一个儿子，但你必须信仰天神，祭祀天神，奉行我的话。"

妇人听了很欢喜，忙问道："只要能给我再生一个儿子，我什么都依从你，不知你有什么方法？"

"这方法很简单，只要你鼓起勇气，杀死你已生的儿子，用他的血来祭祀天神，你就可以再得到一个儿子了。"

这个妇人，真的相信老妖婆的话，就想要杀死她的儿子，用他的血来祭祀天神。幸而旁边有一个智慧的人，阻止责骂她道："且慢！且慢！你仔细地想一想，你实在被骗了。你希望再得到一个儿子，可是现在还没有得到的时候，你就把已生的儿子杀死，将来是不是真能再生一个？这样，你想能得到两个，如果把他杀了，会连一个也没有。"

这妇人听了，恍然大悟，不再盲目地相信邪神邪教了，从此她也不希望再有一个孩子了。

已经得到的不要，妄求那不可靠的东西，结果得到的也靠不住，不知足的妄求之害，就是如此之大！

狮沦羊群

从前，有一个猎者，在他打猎的路途上，穿过森林，跨过高山，在山腰里遇见一个岩洞。猎者惊奇地悄悄进去，幽黑冷寂的洞中，忽听到一种野猫饿叫的悲声，探来探去果然发现一只类似大猫的动物，非常美丽，毛很光亮，姿态可爱。猎者一见，把它捉起来看，原来是一只刚生下来不久的狮子。

恰巧这时狮母不在，猎者便悄悄地把它带回家。猎者家中养了许多羊，这只小狮子只好给羊乳哺养育着。

日子一天天过去，小狮子吃着羊乳也一天天长大起来。生下不久就离开母亲的小狮子，根本不知道它本来的面目，自以为是羊的孩子。每天过着平安愉快的生活，它也和别的羊兄弟一样，学会了咩咩的叫声。

有一天黄昏的时候，它们在夕阳西照、凉风习习吹拂下，来到一条小河边上吃草，小狮子忽然感到口渴，便走近河边拉长脖颈俯下喝水。这时候，忽然看到河底有一只狮子，张大了口，好像要跑出河面咬它一样，它这一吓非同小可，也就拼命地叫了一声，于是蓦地跳跃起来。在旁边的兄弟们听到它非凡的声音，又看到它竖起了全身的毛，那种可怕的姿态，再也不敢和它在一块儿，而各自跑开了。

这时候，它感到非常奇怪，刚才那影子已不再复现，且刚才那吼叫的声音，竟是自己的，于是它再放大胆子走近去探看，啊！竟是自己的影子。

这时候，母狮自失去儿子以来，每天都到处寻它的儿子，走过千山万水，一日来到这山的地带，它仍然抻长脖子吼叫着。这声音雄壮悲伤，像要震撼整个大地。

小狮子听到这种巨大的吼声，心想：岂不是和我刚才的吼声一模一样？它不禁自己又试着大吼一声。说也奇怪，它们母子的吼声互相感应了。于是，小狮子一面吼，一面鼓起勇气去寻找它脑海中的对象。终于久别的母子相见了。

小狮子回到慈母的怀抱里，似乎感到安全自在，它不断在母狮的肚子下面走来走去接受母爱的温馨，从此它们过着很快乐的生活。而且，小狮子再也不相信自己是头软弱的羔羊，而是一只威猛的雄狮子。

众生被外境所缚，认不清自己本来的面目。如雄狮沦落羊群，不假清净的法水，怎样才能认识自己呢？

新国医

我们这一个世界，就有着千百种不同的人。今日的社会，更是复杂。如果要跨进社会的圈子里，必须要具有几种应付人的手法，不然唯有吃亏。这就是如佛陀所说："应以宰官身得度者，即现宰官身而为说法；应以妇女身得度者，即现妇女身而为说法……"对于一切事与人，都要随机应变，观机逗教，假若固执于一法，那就有弄出笑话来的结果。

从前有一个既愚钝又懒惰的国王，整天只享受在五欲的快乐中，对于国事及臣子们的一切，皆不加以考究，糊里糊涂地随着岁月而过去。他不判断是非，不管好坏，只要得过且过，他就安心了。

这时候，王宫里有一位御医，专门为国王及妃子们看病的。这个御医非常顽固，每当国王不舒服时，经他诊察以后，就一律弄乳药给国王吃，但是每次也都能把国王的病医好。因此国王认为他是一位深知医理的大医生，非常相信他，并常赏赐他优厚的礼品。

有一次，当国王又生病的时候，他仍然用乳药给国王吃。这一次的病可不同，国王吃了乳药，不但没有好，病情却一天天地变坏。但这下子可把国医难倒了，他慌得束手无策。

国王被病苦缠得脾气变得很坏，有时候臣下因国事来报告，竟得不到解决，反而惹起大祸临身，因此再也没有人敢来报告，以致国政都荒废了。

为了国王的病症早日痊愈，有一位大臣不顾自身的安危，将一位国外而来的医生，推荐给国王，据说这位医生有药到病除的能力。国王为了保存生命，只好允许外来的医生看病。在大臣们的环视下，医生诊察国王的病后，开了一药方给国王吃，吃过药后，睡了一觉醒来，身体觉得舒服得多了，因此国王再命下药，一连吃了几方药，经过了两三天，国王的一场大病竟痊愈了。

这一天，国王照常上朝处理国事。第一件的工作，就是赏了很多金银珠宝给那个医生，并且封他为国医，而以前的那个旧御医，却命人把他撵出王城。这时候，国王就问新国医道："我生病的时候，旧御医开了很多药给我吃，都吃不好，为什么你的药一吃下去，就觉得舒服得多?"

"国王！我想建议一件事，希望国王从此以后，不要再用乳药来治病，这个东西吃了太多对身体不好的。"

国王听了新国医的话，非常相信，他马上下令全国的人民，凡有生病的人，一律禁用乳药。因此在这个国家，乳药都没有人用了。

时间过得真快，新国医到职已有四五年了。在这期间国王的身体都很康健，但人无千日好，花无百日红。有一年的春天，国王又生病了，新国医很详细地为国王诊察病症以后，他断然地奉劝国王服用乳药治病。国王听了这话，很不悦地说道："你这个人不是发疯了吗？上一次才告诉我说乳药吃多了，会有害处，并且对身体不好，而你现在却叫我吃乳药，这是什么意思？"

新国医脸有愧色地说："请大王原谅！我上次讲的话，确实太过分了。乳药虽然不好，可是在适当之下，还是需要吃它。尤其国王此次的病是属于热症，应该要用乳药来治疗！"

不明事理的国王，对于新国医的这些话，不但不能了解，反而大声斥道："是你要我禁止大家用乳药，现在你却说它是好药，如果照你这样的说法，那以前的旧国医果然比你更高明了！"

新国医很冷静而不厌其烦地说道："大王！话不是这样说，您别想错，让我说个比喻给您听。"新国医停了一下，又继续说道："比喻有一条虫，它吃木而成了文字，这在明智的人们，也不会说这条虫能识字，您说是不是？就如那个旧国医，他根本不懂医理，更不懂得药性，对于病人的病症没有分别，而一味都用乳药来治病，这不是和那条吃木而成文字的虫一样吗？乳药可以说是甘露，也可以说是毒药，只要是对病下药，那就比真珠都宝贵。如果乱用乳药，不但身体变坏，说不定还有致命的危险。"

愚笨的国王听了新国医的这席话，终于有了觉悟。果然吃过乳药，病也好了，于是解除禁令，叫国中的人民，从此以后仍旧可以用乳药。

执法不变就是愚痴啊！

鞭打自己

从前，在一个农庄上，住着一位富翁，有福而无智慧。他虽拥有良田肥马，家财万贯，但因愚笨不能辨别是非善恶，而常常闹出许多啼笑皆非的事情！

有一天，他因有事进城而来，路上遇见一个被马鞭抽伤了背部，而用马的热粪涂伤的人。他就好奇地伫立了一会儿，指着那人问道："你的背给鞭抽伤了以后，不是很痛吗？为什么还要用马的热粪涂伤口呢？这样不是更痛吗？"

那人苦笑地回答道："是的，用热马粪涂伤口是非常难受的。不过，马粪可以消毒，涂上之后，伤口才不至于溃烂。"

听了这个话的富翁，欢天喜地，以为侥幸学到治伤的秘诀，便如获至宝似的，牢牢记在胸中。

他踏着愉快的脚步，回到家中，即刻对家人说道："你们知道我今天为什么这样开心吗？"

"大概是老爷在路上，拾到了黄金了吧！"家人见到主人欢喜，也随口逢迎着。

但是，富翁马上收敛笑容，郑重其事地说道："不是拾到黄金，而是得到一种大智慧，一种秘诀！"

家人不相信地开玩笑道："老爷得到了大智慧，真是稀有，应该传给我们知道，不该隐藏呀！"

富翁得意地拍掌笑道："好的！好的！你们注意看我做吧！"

于是，叫了一个家奴前来吩咐道："你赶快去拿一条鞭子来！"

主人的话，家奴哪敢违命，即刻拿来一条马鞭交给主人。然后莫名其妙地站在一旁，等待主人吩咐。

富翁迅速而高兴地将上身的衣服，脱得精光，然后大声说："奇怪吗？我马上传智慧给你们看吧！"说着又厉声喊道："来呀！你们来拿鞭子在我背上重重地抽他二百下！"

家奴畏畏缩缩，不敢向前，富翁见状，怒骂道："怎么？你敢违抗我的命令吗？快给我抽打！"

家奴只有应命，无可奈何地提起鞭子，向他主人的背上如雨般地抽打着。不一会儿鲜红的血，顺着伤口流下，白嫩的皮破烂了，没有一块好肉。这时候，他自己却得意地命令家奴说："赶快去取些热马粪来，把它涂在我背上的伤口处。"

于是，家奴取来热马粪，照他的吩咐涂在他的背上。

愚痴的富翁，自以为聪明智慧，得意地向家人宣布说："我的背皮，虽被马鞭抽破，但用热马粪涂后，一定不会溃烂。你们安心看吧！我过几天就可以痊愈了，你们知道吗？这是我今天所得的智慧，现在已经传授给你们了，哈哈！"

佛陀知道了这件事情，随时开示大家说道："一个人一见他人有一种好处，便认为可贵，也不管对不对，就随便学他，这是愚痴的！结果是自讨苦吃，危害自己。所以修行学道，必须开智慧的眼光，选择正法，才能真正离苦得乐！"

穷子回头

佛陀告诉我们，人人皆有佛性，人人皆能够成佛。其实我们本来就是佛，只因从历劫以来，被无明愚痴所蒙蔽，所以才失去了本有的光明自性。如今，只要我们再把那些无明愚痴的灰尘去除，那光明灿烂的自性又将呈显。这是大圣者佛陀的教言，是我们大众修行所能体证的。

关于自性本有，只因迷失不知，下面以一个故事作比喻。

很久以前，印度有一个大富翁，名字叫做济生，为人和善亲切，好施济人，因此人们都很敬仰他。

家财虽然万贯，但只生了一个男孩，此儿叫做福禄。他母亲生他不久就去世了，所以他是由乳妈养大的。福禄到八岁的时候，有一天跟着父亲到各地去巡视业务，因为他家的生意很兴隆，遍及印度各地，所以每年都需要到外面去巡视一番。这一年，他带着福禄到处见识见识，哪知道到了一个热闹的城市，福禄忽然不见了。济生焦急地派人到处寻找，但一无下落。一年又一年地过去了，福禄离开父亲已有二十多年，济生富翁的年龄也高了。年纪愈大求子的心愈急，他想到自己的生命已不久于人世，因此决心亲自到各处寻找儿子，把家中的财产业务都交给家人管理，自身带着一个跟随多年的仆人，遍走天下。

再说福禄，自从离开父亲以后，如出笼的小鸟，任意东走西看，肚子饿了就买东西吃。可是他身边所带的钱并不多，没有几天就花光了。后来为了充饥，他流浪在市镇上，为人做苦工。有时候找不到工作，就挨饿几天，几至沿户乞食。弄到这种地步的福禄，不但三天得不到一顿饱，衣服的破烂，身体的消瘦，更是不堪设想，因此也影响了他的志气与性情。像他这样的一个人，再也没有人敢相信他就是大富豪济生的儿子福禄。

济生虽然是个大富豪，可是对于自己的生活非常刻苦耐劳。因此到老来身体并不甚健康，整天为生意奔跑，使他感到疲倦。幸好到处有他的事业和好友，故不至于人地生疏而发生阻碍或困难。有一天，济生走进一座古老的城市，并在自己的分店里闲坐的时候，忽然来了一个叫花子，衣服的褴褛，人形的憔悴，一看便知道是一个经过艰难困苦的人。这时他站在店门口，要向店里讨一点东西，可是当他看到店里坐着的老人，穿的是绫罗宝衣，坐的是狮子床，威严十足，他感到害怕。又加上老人那两道炯炯的眼光，直逼视过来，这更使他发抖。就在这个时候，坐在宝座上的老人站起身来，并一步步地走到叫花子的面前来。这一下他可吓坏了，转过身赶快就跑开了。济生看他跑，马上叫人追上去，唤他回来。大家一拥而上，将那叫花子团团围住，有的紧紧拉住他的手臂，叫花子全身发抖，并大声地喊着："我并没有做过坏事，你们为什么要捉我，快放我！快放我！"

叫花子一面喊着，一面挣扎着，可是大家一点也不肯放松。等到济生走来的时候，那个叫花子因过度的紧张，竟昏倒于地上。济生看到这种情形，也不再讲什么，只叫大家走开，而留下两个人将他弄醒，放他走去。济生就教人暗中跟随，看他住在什么地方。济生回到店里，心中纳闷，刚才的那个叫花子，明明是自己日夜所思念着的爱子福禄，为什么现在变成这个样子？其实也难怪，二十多年的流浪，怎么不使他变样呢？

聪明的济生，他了解身为乞丐的福禄的心理，因此派了两个较和气的工人，到贫民的村落去找福禄，并说要替他介绍工作。一个为了生活而苦恼的人，听说人家要给自己介绍工作，他当然高兴。可是一个失志而自卑的人，对于工作和地方，是有选择的必要。两个来人知道他的心理，就告诉他道："是为人家清理房子的工作，你别怕，我们两个都和你一块工作。"

从此，福禄到了自己所不认识的父亲的家里做工。他是个自卑的人，唯有认真地安守本分工作。对于其他皆无从过问，他更不知在他身后，时时刻刻有个人注意着他。自从工作以来，他认为大家都对他很和气，很友善，尤其那个穿着朴素的老主人，对他更是关怀亲切。因此福禄很安心地工作着，他做梦也没想到那个老主人，就是他的父亲，为了他，竟舍弃华丽的衣服，穿上粗布衣裳，时时刻刻和工人们在一起。济生想同爱儿多接近，所以不惜自己的身份及时间。这样的日子在和睦中慢慢地度过，等到大家都很熟悉的时候，济生把握机会，有一次，他对福禄说道："我看你年轻有为，做事认真，为人诚实。只要你在此好好地工作，我会加薪给你。"

福禄听了这些话，当然高兴得不得了，从此以后他更加卖力。虽然大家都知道主人很重视他，可是他并不骄傲，并不由此而偷懒，仍然和以前一样地工作。其实在福禄的内心，还是存有自卑的念头，他总认为自己的出身仍是一个卑贱的乞丐。因此除了天天工作以外，不敢再做任何梦想。

有一天在晚饭以后，济生富翁叫福禄到眼前，并对他说道："你到我家已经有一年多了，我看你一年来的工作情形，诚实认真，我非常高兴。我现在年纪渐渐老了，膝下无儿无女，我想要你做我的儿子，你说如何？"济生讲到这里，看看面前的福禄，又继续说下去："好了！现在我给你起个名字，以后大家都叫你福禄。"

几十年的流浪，竟把自己的姓名都忘掉，虽然他爸爸又再提及，但他已忘本，不知本来就是叫做福禄，只是感激地流下眼泪。此后，济生常常把家中所有的珠宝财产，以及仓库里的所有东西，都一一指点给福禄听，并且交给他保管。

岁月的奔驰，济生一年年地接近老死的边境，对于自己死后的问题，他曾做过详细的计划。这一天正是他做八十大寿的日子，由于他平时和人的交际广阔，这天来参加祝寿的人非常多，有大臣绅士齐集一堂。酒席进行到一半的时候，济生站起身来对大众说道："今天承蒙各位光临，我感到非常荣幸。现在当着大众的面前，我要宣布一件事情，请大家给

我作证。"济生讲到这里，停了一下，望望大众，然后说道："对于我死后，所有的家产，都由我的亲生儿子福禄来继承，福禄这孩子，就是当年在路上遗失的，至今他也受了三十年的苦楚。"

听到这些话的大众，既惊奇又羡慕，可是在福禄他只觉得欢喜，而没认为这些财产本来就是属于他的！本来所得的财产，他都以为是偶然的相遇。

上面的这段故事就是说众生本来具有的如至宝的佛性，因被历劫来的烦恼愚痴所埋没，所以久而久之，却忘掉了自己本来的面目。佛陀的大威德、大觉悟、大解脱，我们同样也都有。就如福禄，那庞大的财产，本来就属于他一样。

父转狗身

佛陀在舍卫城中教化的时候，有一天，慢步走到鹦鹉摩纳都提子的家中来，真不巧，都提刚好有事出去了。

他的家里养了一只白狗，人人都很尊敬它，尤其是都提对它的爱护，像人一样的宠爱着，食必供以美味，卧必供以床铺。

这时候，白狗正蜷伏在床上，吃着盘中的食物，见佛陀进来，便跳下床来对着佛陀大声狂吠，佛陀就怜悯地对白狗说道："白狗！你过去因为爱财如命，不肯布施，所以堕落畜生为狗，你应该觉悟。"

白狗听了佛陀的话，心中就难过起来，整天忧愁而卧着。都提自外归来，见自己的爱狗，异乎寻常，郁郁不乐，也不饮食游乐，便疑问家人道："有什么人欺侮我的狗吗？"

家人回答说："刚才佛陀来过！"

都提爱狗如掌上明珠，听说爱狗因佛陀来的缘故而忧愁，不禁心中冒了火，立刻来到佛陀面前问道："佛陀！你为什么无缘无故地到我家里来？我的爱狗都因为你而不吃不睡，到底怎么办？"

佛陀静静地说道："都提！我到你家里去是有苦心的，因

为你的爱狗，就是你前世的父亲，如果你不相信的话，可以回家问狗！"

都提听了惊疑不止，追问道："佛陀！我过去的父亲为什么会转生为狗呢？"

"因为你的父亲在生时悭贪爱财，不肯喜舍布施，把许多财宝埋在地下，到死时仍然没有一个人知道，你回家可以叫它指示你藏宝的所在。"

都提的心中，既欢喜又悲伤，回到家中立刻问白狗说道："如果你真是我前生的父亲，你应该起来吃饭，而且指示藏宝的地方！"

白狗像听懂似的点点头，即刻走到藏宝的床下，用爪抓地，而且不断地吠着，像是说财宝就埋藏在床下。都提心中明白，立刻亲自掘地，果然从地中出现许多金银财宝。都提不禁目瞪口呆，心中有说不出的滋味！

于是，大发善心，把所有的财宝供养给佛陀和诸比丘，并问佛陀说道："请佛陀指示我因果罪报的因缘是怎样的情形？"

佛陀含笑地慈悲回答道："寿命极短的人，前生多杀生的缘故；寿命极长的人，前生多放生的缘故；贫穷的人，前生悭贪偷盗的缘故；富有的人，前生多行布施的缘故；有恶念的人，前生多近恶人的缘故。有善智慧的人，前生多亲近善知识的缘故。要说起因果报应的事，千年也说不完，我现在只有大概地说给你听，你必须也多慎重才是。"

都提得到无上的法喜，拜别佛陀欢喜而去。

从此，他不做守财奴，不再愚痴，他喜欢乐善好施了。

梵志悟道

有一次，佛陀在祇园精舍为诸比丘说法的时候，有一个梵志匆匆忙忙地跑来佛前，愁眉苦脸地顶礼佛陀说道："佛陀！我不幸遭遇到人生最烦恼的两件事，想请佛陀给我解决以减少忧愁！"

"梵志！是什么事使你这样悲伤？相信我，我当为你解除！"

"佛陀！第一件是我最心爱的女儿，年才十五岁，长得美丽聪明，非常令人喜爱。但是前天，忽然得了重病死去了。还有一件是我田里所种的麦子，正成熟待割的时候，又被野火烧光了。我的心血劳苦，在几天之内，便破坏幻灭，怎不教我烦恼得几乎要发疯呢？正当我精神恍惚，痛不欲生的时候，人家告诉我，佛陀能解除人生一切的烦恼，因此我来要求佛陀解救我！"

佛陀怜悯道："梵志！不必悲伤了，这是定业，非人力所能挽回的。世间的一切都是生灭无常，世间没有不散的筵席，没有不凋谢的花朵，也没有不飘落的叶子。自然界的现象是如此，人生一切均是如此，何必徒自悲伤？世间不能够长久的有四事：

一、一切均归无常；

二、富贵者会成贫贱；

三、相聚者终要别离；

四、强健者仍不免要衰老病死。"

梵志屏气静听，把佛陀的话记在心中思维后说道："佛陀！既然世间上的一切是无常不可靠的，那么什么才是真实的呢？"

"真理法性！"

这简单的一句话，使真实体验到无常变化的梵志，立刻有所感悟。从彻底了解中，获得真实的认识，当即深信不疑。

梵志的心中，被佛智的光明一照，烦恼痛苦的云雾立刻消散。于是，剃了须发，发愿随佛陀出家，实行解脱烦恼救度众生的工作。

人的真如自性，给无明愚痴蒙蔽了，所以会给虚幻的境界，搞得烦恼不安。但一旦认识自性，智慧之光朗朗照耀，烦恼痛苦就会没有了。

樵夫不识宝

以前在深山里住着一个老人，他没有子女，没有亲戚，家里非常简陋，没有什么值钱的东西。有一天，他在山中捡到一柄斧头，老人只知道它是斧头，而不懂得它的贵重与价值，认为与平常的斧头一样。天天拿着这柄斧头到山上砍柴，再挑到街上去卖，以换得一些米及用具，以此度日。那一柄斧头每天跟着老人，砍钝了就磨，磨好了又砍，年深月久，一尺多长的斧头，竟磨掉了一半。

有一天，一个古董商人来到山上玩，无意中看到老人的斧头，就借来详细察看，他知道这是一柄珍贵的斧头，就问老人道："这柄斧头你卖不卖？"

"不！我每天的生活就是靠它，卖了斧头，我怎么砍柴？"老人很认真地说。

古时候买卖不用钞票，大多以布匹做交换。这时商人说道："给你一百匹绸缎做交换，你可以去做别的生意，何必这么辛苦在此地砍柴，好不好？"

商人的这些话，并没有打动老人的心，他默然地站着。商人以为他嫌少，所以又说道："这样好了，给你二百匹，卖不卖？"

老人仍然不作声，但脸色有不快活的表现。

"你别嫌少，我给你五百匹好了。"

听了这话，不料老人却放声大哭起来，商人觉得莫名其妙，忙着安慰他说："你别哭了，是不是嫌少？我可以再增加的！"

老人悲伤地回答道："没有！对于你五百匹的代价，我不嫌少，只恨自己的愚痴，不识宝物，本来这柄斧头，长有一尺半，我天天砍柴，钝了就磨，如今已磨蚀了一大半，余下这一小段，竟值有五百匹的代价，我真懊悔，倘若不磨掉的话，其代价不是更多了吗？那我也早变成富翁了。"

商人知道他悲伤的缘由以后，才安心地说道："你也不用追悔，现在我给你一千匹的绸缎，这也不算少的代价了。"

老翁和商人交换了东西以后，彼此都高兴地各有所得。

人人都有佛性之宝，自己不识得，只晓得在世间贪图一些小利，真是可惜！

疑师问难

从前，有一位在家修学的居士，性情好问，无论有关佛法的，有关家庭的，或有关个人的一点小事，都要请问师父，方敢行事，不然他就不敢主张，犹豫不决。

幸亏他的师父是很有道德学问辩才的，每次来请教师父，师父从来没有支吾其词或答不出来。有时他的问话还没有说完，他的师父就把解答的问题说出来，因而他感觉奇怪，难道师父有神通吗？所以，他心中生了一计，要想试试师父，使师父答不出来。

有一天，当他从乡下要到城里的时候，路上看见一样东西，心中很高兴，以为用这件东西去问师父，他一定答不出来，于是就问师父道：“如何是团团转？”

“皆因绳不断。”师父随口而答。

他听师父这样回答，顿觉目瞪口呆，非常惊讶，不知如何说话才好。师父见状，不觉问道：“居士！什么事使你惊讶呢？难道我答错了吗？”

“不！师父答得很对，我为你的智慧感到惊讶和敬佩！”

“为什么？”

“我今天在路上看见一条牛被绳子穿了鼻子缠在树上，这牛想走，谁知转过来，转过去，都不得脱身，我以为师父既然不曾看见，当然答不出来，为什么师父知道是皆因绳未断呢？"

师父微笑地解释道："你问的事，我答的理。所谓一理通百事。你问的是牛给绳缚而不得解脱，我答的是心给境界的绳缚而不得解脱。这是理事圆融无碍啊！"师父再继续说道："众生就像这只牛一样，给许多烦恼痛苦的绳子缠缚着，因而生生世世永堕轮回。我们所以要精进修学，就是借智慧的剪刀把绳子剪断了，不就能解脱而获得安乐自在吗？"

居士闻言恍然大悟，五体投地而叩拜，以后再也不敢怀疑师父的智慧了。

因此，能明道悟理的人，对世间的一切，了如指掌，何况成就正觉的佛菩萨呢？

假相的误会

从前，在一个乡村里，有一个年轻的富家子，父母早死，可是家财万贯，都是父亲所留给的。到他成年以后，经媒人的介绍，和邻村的一位漂亮小姐结了婚，两人的感情非常好，可以说是夫唱妇随。村里的人们，人人称赞羡慕，尤其是年轻的男女，都暗暗地祈祷着，将来自己也能够找到一个如他们一样的好对象。然而人的愚痴，常在安乐的日子里，无事生非，以致闹得大家不愉快。

安逸的生活，使年轻的富人，感到淡而无味，他就在家中叫工人酿了一缸好酒，想在吃饭的时候，两夫妇能够举杯对饮，尝尝美酒，增添情意。但不知却由此引起了一场风波，差一点就闹出人命来。

吃午饭的时候，丈夫叫妻子去装一杯酒来，当她高高兴兴地手拿酒杯，来到厨房的时候，轻轻地揭开酒缸的盖子，拿起竹杓要去汲酒，可是当她刚探头一看，却看到酒缸里，有一位美丽的女人，对她微笑着。这时候，她的醋缸发酵起来了，心里非常气愤，而酒缸里的女人，也怒目相视。因此她更加光火，转回身，跑到饭厅，指着丈夫，大声骂道："好家伙！你这个骗子，既然和我结了婚，还敢瞒着我密藏女人。

你真是骗子！骗子！如今给我撞见了，还有什么话说吗？"

本来长得美丽又温柔的女人，如今变成那么凶恶、狰狞，她又骂又哭。这时富翁看见爱妻突变的态度，真是感到莫名其妙，不过，他还是安慰她道："哎哟！这是怎么一回事？你别误会了，亲爱的！你长得这么年轻、漂亮，我所爱的只是你一个，怎么会再去找别人，请别这么说呀！"

"哼！你还想赖，还想瞒我，你去打开酒缸就晓得了。"她说过以后，又卧伏在床上，哭骂不休。

富翁觉得很奇怪，走进了厨房，揭开缸盖，探头一看。不看还好，这一看可不得了了。他气得怒发冲冠，七孔冒烟，他放下盖子，跑回房间，揪住妻子的头发，大声骂道："你真是不知羞耻的女人！我和你结婚不久，对你是爱护备至，你竟敢背着我，藏了一个年轻的男人在家里。自己不知改过，还含血喷人，说我另找女人，你既然不喜欢我，又何必跟我结婚，真是女人和小人最难养！"

一对恩爱的夫妻，就此争吵起来。谁也没有想到，他们竟有这么势如水火的一天。

这时忽然来了一个婆罗门徒，他是这对夫妻最信奉的人，也是常到他们家里来受供的人。他看见他们夫妻争得那么厉害，因此问明缘由，当他走进厨房，想看个究竟的时候，酒缸里边，又出现了一个婆罗门徒，他以为这富翁又结交新友，信仰他人，所以他很不高兴，悻悻地头也不回地走了。

夫妻俩正争论得不可开交，也不理会婆罗门徒高兴或不高兴。虽然很多邻近的人，也都来解围。但怒火燃烧着他们的心房，越想越气，越骂越起劲。

最后，来了一位出家人，他一听到他们吵架的原因，是起于酒缸，已有几分明白。他走到厨房，探头向缸里观察，里面没有什么，只有光头的比丘影子，因此哈哈大笑，口里念了一声"阿弥陀佛"，就对缸中的比丘说道："都是你这个假相在作怪，弄得满城风雨，害得人家一对好夫妻，吵了一天架。"

比丘走出了大厅，对他们夫妇说道："你们别再吵了，我已探查出来了，你们俩跟我来吧！我可以抓到你们共同的敌人，来解决这段无谓的纠纷。"

比丘当着他们俩夫妻，来到厨房，并捡起一块大石头，用力将酒缸打破了。这时，他叹了一口气说道："唉！世间的人，愚痴无智，把缸中的人影当作事实。本来世上的一切，皆是假的；由于你们固执它的实有，才会生起这么多的烦恼。执迷不悟，真是可怜的众生。"

年轻的夫妇，才知道不可给假相所迷，一定要有佛法的智慧才能认识世间。

买智慧的偈子

过去有一个国家，不论国王大臣乃至平民都是佛陀虔诚的弟子。他们奉行佛陀的教法，遵循五戒十善。因此他们的国度里物产丰富，太平安乐，没有任何生活上的缺陷。

有一天，国王突然召见他一个重用的大臣来，派遣他出国去觅购宝物。

"只要我们国家所没有的东西，都不惜重金把它买回来。"国王这样下谕道。

大臣领了王旨，不敢怠慢，一个国家一个国家地找去。可是找不到一件中意的宝物，翻山越岭走遍远近的国家，也找不到一件他们国家里所没有的宝物。

有一天，他来到一座偏僻的山城，走进城去，放缓脚步细心地向两旁的商店巡视过去。忽然他发现有一家怪异的商店。店面是那样宽阔，却一件货物都没有，只看到店主高坐在空屋当中，时而点头，时而摇头，大臣觉得奇怪，终于禁不住满肚子的猜疑，走进去问道："请问，您做的什么买卖呀？"

"出卖智慧。"店主瞧都没瞧一下，那气派俨然不可一世。

"怎么卖法呢？"

"一智偈五百两！"

也许是好奇，也许求宝心切，事实上他也已经相当疲乏了，也就不假思索，从包袱里掏出五百两银子来付给店主，店主随即朗声念道："遇事善思维，勿遽行暴怒，今时虽不用，时至受大利。"

大臣很仔细地听着，然后念了几遍，让店主证实没有差错，就别过店主回国。

这一天回到国中天已经黑了。他想先回家，明天天亮才上朝禀奏，于是转向自己的家来。

银白色的月光普照着每一角落，是个美丽的月夜，借着月光，他从门缝中先窥探一番这久别的家，静悄悄地大家已经入睡了。当他的视线巡移到妻子的床前时，骤然暴怒起来，他看到帐幕低垂下，摆着两双鞋子。

"贱女人！"他恨恨地骂了一声，继着一个恶毒的计谋在心中油然生起。他用熟悉的手法启开门闩，蹑足屏气走进去。这时他忽然想起那买回来的智偈，别把偈子忘了，明早不好缴旨，于是又念了一遍："遇事善思维，勿遽行暴怒……"

这声音惊醒了睡眠中的母亲，老人家一边穿衣一边从房里赶出来。她看到他时一揉惺忪的眼睛惊喜道："你回来了！真是谢天谢地，你媳妇儿病着哩！几天来夜里都由我来陪她，别人总是照应不周的。"

"哦！哦！"他抚摩着胸口连声说道："便宜便宜，太便宜了。假如没有这首宝偈，我不就铸成大错了吗？五百两，五千两，就是五万两也值得，也值得……"

他自言自语地庆慰着，母亲的两眼圆瞪着，充满疑惑。

畏因拒美人

从前，有一位菩萨化身到人间来，当了印度的国王。国王因崇敬佛教，他的人民大都也皈依了佛教。他以身作则，勤劳公正，和蔼可亲，视民如子。因此，人民的生活过得安乐愉快！

有一位长者的女儿，长得有沉鱼落雁之容，闭月羞花之貌。无论谁见了都会心神不定，神志不清，害起相思病来。因此，向她求婚的人，门庭若市。长者没有办法，只得向大家宣布道："你们这群青年，谁都没有资格来娶我的女儿，因为她要当王后的。"

有一天，长者向国王禀告道："大王呀！仙女已经下凡到我家里，做了我的女儿，请大王迎她为王后吧！"

"你的女儿，既然是仙女下凡，一定很美。但是，美再加上贤能、福气，才有资格做王后。所以，我请两个相师到你家里，看看你的小姐，卜算一下，是否对我的人民有利益。"

国王说后，派了两个相师跟随长者回到家里。果然她美丽俊艳无比，两个相师也神魂颠倒，手忙脚乱起来。

当他们离开长者的家里，互相讨论道："这个女子美丽得太令人销魂了，国王不但不能娶她，而且不宜与她相见。因为国王娶了她的话，一定会宠爱她，迷恋她，沉湎于美色，而忽视了他对佛教的热心和政治的责任。所以，这个女子若为王后，会带给国家不幸的!"

很信任大臣和相师的国王，因此打消了和她相见的念头。

长者知道自己的女儿没有当王后的福气，便把她嫁给全国第一大元帅做妻子。

除了王后的地位以外，她是全国第一位权贵夫人了。可是她仍然贪心不足，素志未遂，自作多情地暗恋着国王。希望着有机会给国王看见她的美丽，倾诉自己对国王的爱慕心情，引起国王对她生起怜香惜玉的心，而娶她为后。

在有一年的佳节里，全国上下都兴高采烈地欢腾着，装饰灿烂夺目的花灯，铺满干净洁白的沙子，街上行人络绎不绝，熙熙攘攘地看花灯听锣鼓。国王欣然道："今年的佳节，我的人民多么快乐，我应该要与民同乐，助长他们的热闹才对。"

于是，国王坐上御车，慢慢地沿道行走，欣赏着人民的欢乐。忽然，国王望见一个飘飘欲仙的少妇，绝代的尤物，在那高楼的栏杆里，频频向他微笑。国王感觉受宠若惊，再三回头望她，她也频频向他传送秋波。国王凝眸思维道："她是谁呢？她不会是凡间的女子吧？一定是仙女吧？否则，她不会那么美丽媚人的。"

国王的车夫看见了，故意俏皮地说道："大王呀！我把车子停在这里，待我去请大元帅和你共游好吗？这里就是他的房子，楼上那位少妇是他的夫人，也就是从前想当王后的那

位小姐。"

国王听了，如梦方醒，急忙命令道："我们回去吧！我不愿再看花灯！"

一路上，国王不断地自语道："就是她吗？她美丽得使我心神陶醉，不过，她已经是人家的妻子了，我不应该想念她。"

国王回到王宫，终日怀念着那美人。虽然用尽方法想把她忘掉，但她的影子又牢固地印在心上。因此，废寝忘食，精神颓唐，即连上朝听政的时间，都会常常忘记。国王真的也为她害起相思病来了。

大元帅看到这种情形并听到车夫的话，心里非常焦急。他是国王的忠臣也是挚友，他要把自己的妻子赠送给国王。国王虽然很爱她，但始终有坚强的理智不肯接受，他对元帅说道："我已经再三考虑过，这件事，就是你愿意，但人民和其他的大臣都不会同意。为了不给人批评，我要克制自己。"

元帅说道："大王！我们为你的健康着想，万一大王有了长短，人民依靠什么人呢？为了大王和人民，应该接受我的请求！"

"这样不合理的行为，是给人民不好的榜样，而且是种下恶的因。佛陀的教示是对的，学习菩萨道的人，要畏因。等到将来恶果显现的时候，后悔就太迟了！"

元帅听国王一说，觉得不好意思，无话可答。沉默了半天才想起一个法子，说道："大王！你的法律上不是有一条说：无论什么人把他所爱的东西，或世界上最稀罕的东西送给国王，国王都要接受。因为国王会把更好的东西报酬给他。现在大王不但不体贴我，而且还违背了自己所定的法律！"

国王有难于色，的确这条法律是自己定的。他想了一会说道："我不能向无常的世间冒险，来追求世间过度的五欲。我要问你，我们这个国家里，谁最懂法律？你呢？我呢？还是人民呢？"

"当然是大王了。因为你花了很多工夫去研究法律，同时你对各事，都是一个有能力的判官。"

国王就喜形于色地说道："那么，这件事让我自己来判决，你不应该导我陷入迷途。我是一国的领袖，人民的好坏都会模仿他们的领袖。如果我放纵了自己的感情，胡作乱为，哪有资格领导和保护人民？我要继续做人民的依靠，使我白璧无瑕的名字，永远留存在人间。"

全国人民知道国王的美德懿行，非常感动，更加服从、尊敬国王。

能克制自己的情欲，而少欲知足，才能进入正道，也才能登上修道的阶梯。这位能克己情欲的国王，后来成就了正觉的圣果。

情感是导人愚痴的，智慧可以克制情欲，导人正道。

失马的官司

有一次，佛陀旅行沙漠时，遇了两个商人，那商人说："沙门！我们失了一匹骆驼。"

"那骆驼是不是左眼失明，左足跛着，前齿缺断？"佛陀问商人。

"对了！"

"那么，我没有看见那骆驼。"

那商人听佛陀说后，怀疑地问："你能详细地知道那骆驼，为什么说没有看见呢？一定是你盗去的！"那商人带佛陀到官庭去，判官听过那商人的话后问佛陀道："你为什么知道骆驼的左眼失明呢？"

"我知道的，我看见马路右边的草有啮的痕迹，所以想它一定左眼失明。"

"为什么知道左足跛呢？"

"在那路上的足迹，右足深，左足浅。"

"怎么知道没有前齿呢？"

"骆驼所吃的草中央有残余的一小丛，想是中央没有牙齿了！"

佛陀这样一说，两个商人默默无言，佛陀继续说道："商人！不要挂念，那骆驼不是给人盗去的，我看见骆驼的足迹边没有人的足迹，你去找，一定会找到的。"

那判官倾耳听了以后，说道："商人，盗骆驼的不是佛陀，你们不要用浅智浅识怀疑人家。"

像正遍知的深如大海的智慧，我们怎么能测知呢？

吃盐悟道

王老大这人，自从皈依佛陀之后，一心向善。把佛陀所说的五戒十善法，牢记在心中，每天他都要做一件好事，或说一句好话。他对布施这一法门，最有耐心学习。

因此，他的人缘甚好，远近老少见到他，都会亲切地喊一句"菩萨心的王老大"。他受着邻居的喝彩，并不骄傲，反而更感觉到佛法的妙用，真是无上灵验！

有一天，一个笨人到他家里拜访。

"我真想和你做朋友，希望从你这里，学习布施喜舍的心，以增进我的智慧与人格！"

王老大拍一拍他的肩膀，亲切地说道："很好！我虽没有什么智慧。但是，我也很欢喜做你的朋友！"

笨人得到王老大的欢迎，非常感激，一股泪水蓄满在眼眶中，嗫嚅道："我真是受宠若惊，不知怎样向你感谢！"

"不要说这样的话，我全出自一片真诚！"接着又说道，"是吃饭的时间了，请不要回去，在这里吃饭，祝福我们的友谊，诚实坚固吧！"

笨人拒绝不了主人的殷勤，不客气地留下吃饭。他被招待在饭厅，对着桌上的几盘菜，开始狼吞虎咽起来。他多么兴高采烈，忘记礼貌，忘记拘谨，对主人说道："啊！这盘菜太淡，没有味道，不好吃！"

王老大听了，一点也不怒形于色，反而亲切地说道："太淡了吗？再加一点盐在菜中就好了。"于是，王老大拿来一些盐放在菜中。搅合后，又问："你再吃吃看，这回很好吃吧！"

笨人吃了一口，不觉拍掌大声叫起来："真好吃，这盐的作用，真是不可思议。"

笨人把这件事，记在心中，回到家里，很是欢喜，他心中想道："我今天学了一种智慧，原来菜的味道好，是从盐中得来。不多的盐，已那么好吃，再吃多些盐，味道不是会更好吗？"

想着，拍手笑起来，就拿了一杯盐，一口吞进嘴里。哪知咸得要命，他急忙把盐吐出来，大呼上当不已。

佛法所启示我们的道理，如同应用的盐一样，应用得妥当，味道无穷，应用得不妥当，如笨人吃盐，求之太急，反而无益。

三里路的欢喜

　　从前在印度的地方，有一个叫甘泉村的村落，村落居民朴实忠厚。村中有一个大泉，清净而甘美，饮之清凉甜爽，最能解渴。病者常喝此水，自然而愈。从远道而来喝此水者，比比皆是。

　　这消息传到国王的耳中，国王羡慕道："珍贵的甘泉，是天然的赐予，像甘露一般的能使精神舒畅，希望村人每日能送甘泉给我。"

　　国王的话，村人哪敢怠慢，由村长领导，每日须要一人轮流挑水到王城呈上国王。

　　村庄离王城有五里的路程，没有车辆搬运，只靠人力挑走，路途崎岖不平，无论日晒雨打，无论春暖冬寒，村人都要挑水进城。久而久之，村人都感觉路途遥远，劳苦不堪，发出怨言，于是大家便集议他迁，来避免挑水的负担。

　　村长知道了大家要迁居的事，立刻召集村民说道："你们暂且不要他迁，待我去请求国王，把五里路改作三里，使里程缩短，不就可以减少疲劳了吗？"

　　村民一致赞同，果然到第二天村长去见国王说道："国王啊！村人每日挑水走五里路，以为太远，不知能否改为三里路的名称？"

"好的，只要每日能挑水来，改换个名称可缩短路程的远近，那以后就改称为三里吧！"

村人闻之五里改为三里，欢喜雀跃，以后挑水不再怨声叹气，忘了疲劳。

佛陀知道了这件事情，就对他的弟子们说道："无量的众生，往往和这愚痴的村人一样，教他们修学正法，趣向了生死脱烦恼救度众生的大乘法，便心生畏惧，厌难不前。我只有以修习善法，趣向人天福乐的小乘法教示他们，使他们感觉易行而欢喜修道，以此渐渐获证生死解脱，我的教法是如此活泼，观机逗教的。"

弟子们闻言，莫不赞叹佛陀的智慧慈悲，多么崇高伟大。

学鸳鸯叫

从前某一国的国家里，逢到国庆节，所有的妇女都用一种高贵美丽的优钵罗花，戴在头发上，作为装饰。那时候，这个国家里，有一个贫人，很爱他的妻子，临到国庆节将近时，许多妇女都已预备了这种花，可是这个贫人的妻子，却是没有。

他的妻子，觉得十分不体面，就对丈夫说道："你看，哪一个人家的妻子，没有优钵罗花？你太没有本事了，如果你没办法去弄得优钵罗花来给我戴，我就要离开你，不再做你的妻子了。"

贫人听了心中很急，他生怕妻子离开他，那时他孤单寂寞，岂不可怜？贫人徘徊思维了一天，摸摸口袋，空空如也，他忽然记起他有一种技能，就是会学鸳鸯的叫声，当时他眼睛一亮，拍手叫好，自言自语道："国王的御池里，不是栽有很多的优钵罗花吗？我为什么不去偷采一些来？假如给守池的人发觉，我装鸳鸯叫就是了。"

于是，等到晚上，夜阑人静的时候，他蹑手蹑足地偷偷跑到国王的御池里去偷优钵罗花。可是当他正要动手偷时，水面发出一种声音，被守池人听到了，那守池人就大声问道：

"池里面是谁呀？"

这个贫人当时大吃一惊，忘记要装鸳鸯叫，回答说："我是鸳鸯！"

守池人听得是人声，就把他捉住，解送到国王处去治罪。这个贫人在路上，作出鸳鸯叫，声音简直和鸳鸯没有分别，这时，守池的对他说道："你刚才不叫，现在叫还有什么用呢？"

凡应做的事应当适当地做，及时地做，时机过去就来不及了。有些人终身作恶，从来不自我反省，直到临命终时，方才悔悟想改过修善，但已经来不及，只有随业去受报了。

所以，有智慧的人，把握时机最要紧。

意气的误事

在一座茂密的森林中，有许多鸽子住着，其中有雌雄两只鸽子，共同制造一巢，共同住在一棵大树上。它们像年轻的小夫妇，相亲相爱，同甘共苦，过着很快乐的日子。

可是，这年秋天，有人在后山上种下一山果子，秋风一吹，各种果子都成熟了。它们闻讯相率飞到后山的果子园中，当着园主不注意时，偷了许多果子回来，满满地堆积在巢里，预备做冬天的干粮。

夫妇俩以为不再愁冬天的食物了，便悠闲了几天，可是天气干燥无雨，不知不觉全部果子都干缩，那满满堆积在巢里的果子，剩了半巢光景。这天雄鸽自外面流荡归来，见此情形，大发雷霆，责怪雌鸽道："我们共同千辛万苦到后山采来的果子，你却单独享用，才不几天，已被你偷吃半巢果子，还不到冬天，就会全给你吃光，你太自私好吃了。"

雌鸽不肯服气，忙反驳道："没有这回事，巢中的果子，自采回来后，我一个也没去动过，哪会独自偷吃？"

"你还不老实承认，却强词横理，你看，果子不是只剩下一半，事实证明，还要抵赖。"

"那是果子自己减少的，我并没有吃，请相信我。"

雌鸽苦苦哀求，雄鸽不信，仍然怒气冲冲道："你不曾独自来吃，果子怎么会减少呢？"

说着，马上用它尖锐的嘴啄过来，雌鸽抵挡不住，挣扎几下，就被雄鸽啄死了。

雌鸽死后，雄鸽以为知面不知心，得意洋洋，认为大害已除，今后无忧。哪知过了没有几天，忽然天空中阴雨密布，风驰电掣，倾盆大雨，而藏在巢中的果子，得了雨水的潮气，重新膨胀起来，和先前一样，满满堆积着一巢。雄鸽见此情景，方才觉悟，捶胸顿足，号啕大哭，凭一时怒气，竟误杀了雌鸽，它后悔不及，天天悲切地停立在树上，声声唤着雌鸽道："你到哪里去了呢？你到哪里去了呢？"

这故事告诫大家，有些人贪求妄取，不分皂白，凭一时的意气，就轻举妄动，结果犯了重罪，悔已不及。

学国王

　　有一个愚痴的人，自从入宫做侍卫后，心中常想要博得国王的欢心，以谋升官的机会。但是，他做了好几年，仍然一无所得，还是做着低贱的工作。

　　他日夜思索，时时计划，终无良策。有一天，在他回家的路上，看见一老翁，发须斑白，衣衫褴褛，蹲在桥头上。他心中就想，这老翁虽没有风骨傲然，出尘脱俗之概，但那白发长须，就像传说中的神仙，也许我问他问题，他都能如神仙样指点我。于是他满心欢喜，拿定主意，向前问道："神仙！我有一个问题请教你，希望你正确地指示我！"

　　"啊！我不是神仙，我是乞丐，怎会教你？"

　　"是的，你是神仙，神仙是有白头发白须的，我请问你我怎样才能讨得国王的欢喜呢？"

　　老翁心里好笑，既然被称为神仙，也胡乱就以他所知的回答道："那很容易，只要你处处学国王的样子，就会博得国王的欢喜了。"

　　这人听言，拍手叫好，赶忙拱手谢道："真是活神仙，一言点破我几年迷津，我心中像开朗了，真是感恩不尽。"

　　辞别老翁后，这人又再思维道："我以后在国王面前，就要处处留意国王的一举一动，一颦一笑，国王一定会以为我对他很忠心，一切都和他一样。"

第二天，他入宫的时候，看到国王正在不断地眨眼睛。这人也学国王的样子，不断地眨眼睛，终于给国王看见了，就奇怪地问道："你的眼睛，有毛病吗？还是给风吹痛了呢？"

这人闻言，忙向前禀告道："国王！我的眼睛，没有毛病，也没有给风吹痛！"

"那是为什么呢？怎么不断地眨眼睛，这样有失庄重。"

"国王！因为我处处都要学国王的样子，所以你眨眼睛我也就眨眼睛。"

国王听了，非常生气，怒骂道："你真是一个大混蛋！好的不学，偏偏要学坏的。"说着就叫人把他痛打一顿，并且把他驱逐出宫。

学习，有的是应当学的，有的是不应当学的，不应当学的而学，非但没有好处，反而得到不好的结果。

执假为真

有一种修道的人，经不起名利美色的诱惑，贪着于世间的欲乐，为它所诳惑，而抛弃了修习善法功德的财宝。结果不但丧失了善法，而且也丧失了一切，弄得大忧苦、大悲泣，真是自寻烦恼。

古时候，有一个牧羊人很会牧羊，经验极深，虽然未受过什么名师指授，不过因其留心讲究，居然被他得到了那意想不到的成绩。

这人开始牧羊时，景况极为困苦，一面投效大农户做苦工，维持生计；一面领到了工钱，便牧几头羊，自己试验起来。也不知经过几次失败，但他每经一次失败，便增一次经验，寻出许多防止失败的方法来。年深月久，寻出的方法不少，因此助他成功。到后来手里有肥羊千万头，仿佛做了牧羊业里的大王。

可惜这人有两个大毛病：一是悭贪，一是愚痴。因为他视金钱如生命一般，一钱不肯花用。所以积蓄得很快，积聚的数目也相当大。因为他愚痴，除了牧羊以外，什么处世常识，一无所有。这也难怪，因他久住在荒僻去处，对于世道的艰难，人心的险诈，自然一些都不晓得。然而木腐虫生，穴空风至。在蠢愚悭贪的人手里，捏着这许多的财产，就难免没有歹人来觊觎算计了。

这牧羊人有了偌大的财产，他的声名自然慢慢地传到远处去，被一个骗子听到了，也就惹出了一场大祸来。当时那骗子随身带些日用珍品，寻到牧羊人所住的地方，抓住牧羊人悭贪的毛病，便送东送西，牺牲了少许礼品，来买牧羊人的欢心。居然得到牧羊人的青睐，没人介绍，也没人担保，就此结成刎颈之交了。过了几天，再进一步，攀出亲眷来，从朋友变成亲戚，可称水乳交融了。

这骗子见牧羊人这样可欺，因此愈加肆无忌惮，向牧羊人婉转说道："人生没有妻儿，虽有多大财产，一朝疾病来时，没人照顾，到头终是苦的。"

牧羊人被他说动了心，认做好意，面上微微表出感激他的意思。骗子便诳言道："我晓得某处富翁，有一位好女儿，我极愿替你去求亲。或者凭我三寸不烂之舌，说一番好话，不怕富翁不欢喜应允。"

牧羊人问道："要不要准备什么礼物？"

"我想这头亲事成不成，全在礼物足不足上解决，自然要重重地准备。"骗子便约略开出一个数目。此时牧羊人中了骗子的美人计，他的灵魂好像被骗子的舌根摄去一般，便破例解开悭囊，照数取出许多的财物，还有肥羊千头，做了说媒的礼物。

骗子去了多日，回报牧羊人道："恭喜你，这件婚事，已经办妥了。"

过了几日，骗子远出经商。一日回来，向牧羊人报喜。因为他晓得牧羊人拥有许多财产，不知半些儿人事，再诳言道："你的未婚妻某日已生了一子。"

牧羊人听得那位未婚妻，虽然未曾见面，已经替自己生了儿子，倒欢喜得不得了。便再取出许多礼物，送给那骗子，表他的谢意。骗子三回五次，把牧羊人哄骗得像痴孩子一般。牧羊人所有财产，十分已被骗去八分，骗子方才给他当头一棒，说道："我前日得了一个不好的消息，知道你的儿子生病死了。你的妻子痛哭那死儿，拒绝了饮食，奄奄一息，性命也难保呢！"

牧羊人到底不觉悟，认假作真，放声痛哭。日子长久了，还在一边嗟叹不已。在假法上追求执着，到头来就像牧羊人一般一场空。

困死在海中

古时候，有一些想发财的人，生长在近水地方，略知水性，做些水面生意。他们听人说要得暴利，必须漂洋过海，方能觅得意外机缘，这句话钻进了他们耳朵里去，做了种子，在他们心地上，慢慢生根发芽起来。

他们日思夜想，要做那海面生意，念念不休，禁不住嘴边常常说起，此唱彼和，迫切地想要发财。其中便有一人出头，约几个有这种意思的朋友，找到了坚固船只，预备了许多粮食，与那一切少不了的应用器具。正要开船，内中有一位较为精细的人说道："我们大家都没有在海上走过，与其冒险乱走，不如请一位老航海的，做我们的引导，才算得千妥万当。"

众人听了以后，一想不错，便在外面分头打听，竟被他们请到一位航海家，做了那船的向导。

他们预备妥当，马上起程。走了许多日子，经过一个小的海岛，移船傍岸，大家走上去搜寻宝物，忽见一所古庙，问守庙的人道："这庙里是何种尊神？"

"庙中供的是海神，但凡海船经过这里，如果求一路风平浪静的话，须用生人当做牲畜祭献，方能受尊神暗中的

保护。"

那些人海寻宝的朋友，三三两两，交头接耳地商量道："在海面上行走，风浪是要求平息的，要风浪平静的，海神前的祭献，一定少不得的。但是我们同伴里杀了哪一位好？我等伙伴，不是至亲，便是好友，没有一个人可以充当祭物！"

后来有人低低说道："想来想去，只有那位航海家和我们非亲非友，此人可以杀的。"

大家当时也没有什么好主张，没奈何，回船便把那位航海家杀死充作牲畜，入庙祭献。祭罢在小岛上搜寻一周，没有什么宝物寻出，实时放船，向那一望无涯的大海当中驶去。他们鲁莽无知，把航海向导杀了，大海茫茫，迷失方向，所乘的船被风浪拥来拥去，直到粮尽力竭，终无出路，都饥困而死，无一生还。

世人既已知道世间种种苦痛，有些醒悟，要想投身法海，寻觅珍宝，应当勤修戒定慧诸善行，认定这善行为出苦的导师。无如多生业重，邪见横生，破坏善行，到底埋身在生死大海之中，永无了期，历三恶道，受苦长远。有如海商愚昧无知，为奉淫祀，杀死导师，在大海中问津无处，迷失方向，竟被饥饿困死一样。

准备人生

从前，有两个贫穷的人，他们无法做大生意，每天只以卖酪为业，仅仅能糊口而已。

有一天，当他们把酪装到瓶中，正预备顶在头上，上街去卖的时候，空中忽然下起倾盆大雨，道路泥泞湿滑，如果一不小心，就有跌跤的危险。

其中，稍微聪明的一个见此情形，马上想道："我如果把酪全部顶出去卖，走在泥泞的道路上，万一跌跤，瓶破酪流的时候，不是会受很大的损失吗？我应该把酪再倒在锅里煮煮，把酪中的酥都提炼出来之后，再把它装到瓶里拿去卖，就算不幸滑倒，也所失无几！"

于是，他就照计划准备着，但是另一个不聪明的，全未计划准备，只在家里呆呆地等待着雨停路干。

不久，天晴雨停，他们二人各顶着十几瓶的酪，踏着泥泞的道路，向城市走去。

路上，他们非常小心谨慎，雨后的道路，的确太滑，任你怎样谨慎也不易站稳。忽然，两人的脚向前一滑，倒卧在地上，随即"砰"的一声，头顶上的酪瓶全破了。

不聪明的那个，见状痛哭流涕，发狂似的倒在路上打滚

哀号。但是，那个聪明的却丝毫没有一点忧愁，过路的人，感到奇怪，上前问道："你们同样的受了全部的损失，为什么一人伤心哭泣，一人安详自在呢？"

不聪明的一个哭道："我所有的酪，都没有煮出酥来，现在不幸把瓶子打破了，我的损失是全部的损失，我今后的生活将因此而无所依赖，叫我怎不悲伤？"

"你呢？"路人又问那聪明的一个。

"我因为早做准备，所以我没什么损失。今天早上，我看到下雨，想到雨后泥泞的道路，恐怕会跌跤，因此，我赶快煮酪取酥，果然不出我所料，我的酪虽失掉，而酥却留下，所以我觉得无所谓！"

路人听了叹一口气说道："是的，一个人做事，在未失败时要为失败作准备。就像未下雨前，应该为下雨打算一样，才不会一败涂地！"

佛陀知道了这件事，就说道："人在生时，应该为死后打算。人在今生，应该为来生做些准备，种些善因，供来生受用。如果只顾目前而不为身后打算，就如同那个愚人，瓶破全失。瓶比喻我们的身体，酪喻我们现在的财产，酥比喻我们所做的福业，瓶破酪失而酥留。正如我们的身死，现在之财全失，而尚留有福业可作来生生命的资本。"

狗告状

在世间上，我们能生为一个人，那该是多么幸福。一条狗，或一条牛，当然不能和人类相比。无论在哪一方面说，畜生都是比人苦的。可是，一个人如果不能好好地行善作好，那比生为畜生更加危险。尤其是有财有势的人家，所造的恶业，更是可怕。

过去有一条狗，是人家养的。有一次，它到外面去溜达，因时间过久，它肚子饿了，所以随便跑到人家门口讨一点东西吃。这一家并不很富有，而主人又不喜欢狗，所以看到狗来了，就拿出棍子打它。讨不到东西吃，反而挨打，狗非常气愤，马上跑到衙门找法官，它提出控诉说道："有一户人家，我向他们讨东西吃，他不但不给我，反而用棍子打我，我并没有破坏狗的规矩。"

法官觉得很奇怪，就问他说："狗有什么规矩？"

"我在自己家里，可以随便出入、起坐，主人很爱护我。今天我到别人家讨吃，只把头和前脚进入门内，而后脚和尾巴放在门外。我不敢随意地乱闯进去，难道这样也犯规矩吗？"

这时，法官就派人叫打狗的人来，并问他是否不给吃又打了它，来人承认说是。法官就问狗说："那么依你的意思，该怎么罚他？"

狗不假思索就说道："罚他做本城的大富翁！"

法官听了哈哈大笑地说道："让他做大富翁，那是赏他，而不是罚他，你这是什么意思？"

"法官！你不知道，话不是这样说，我的前世也是一个大富豪。因为凭着自己有钱、有势，造下无数的罪业，所以今生才生为狗，受着种种的痛苦。现在罚这个人做富翁，他一定也是贪求享乐，只管自己的富贵，不会想到修持作善，发大悲心去行善。这样，到他死后，也受大苦恼。"

修行人不愿意有过于奢侈的生活，那只有增加人的欲望和贪求。大部分有财富的人，都同样犯此毛病，狗的告状，富豪者不知能否听到这警钟！

杀子成担

从前，有一个死去了丈夫的寡妇，自己养育着七个孩子。在离城市不远的郊外，孤独地居住着，他们的生活是非常清苦的。白天，寡妇就带着孩子们到田里工作；晚上，孩子们睡着了，她又得在昏暗的灯火下，做些针线。她处在困苦生活中，并不以为苦，一切为了儿女，终日忙忙碌碌，混混沌沌地过去。

夏天一到，田里的稻子也成熟了。寡妇领着孩子们到田里割稻，日出而作，日入而息，他们在田里，受着烈日的煎熬，皮肤晒得黝黑。有一天，她的第七个儿子，耐不住炎热的气候，便生出病来。当晚，寡妇守着孩子，心里十分伤心，纳闷道："这么晚了，到哪儿去找医生？即使找到医生，又是要花钱，不如给他自己静养，让他慢慢好吧！"

于是，就安心下来，因为终日的劳作，这时很疲倦，不久呼呼入睡了。

第二天，当她醒来的时候，发现孩子已经死了很久，便捶胸顿足地号啕大哭起来。

"我可怜的孩子，你死得真惨。不要怨怪我没有好好地照顾你，现在我就把一切让给你吧！"

说着，擦擦眼泪，收拾了一些东西，对其他的孩子说道："现在我们大家离开这间房子，让这死尸放置在家中。"

　　于是，预备要走。邻人觉得莫名其妙，对她说道："你为什么不把死了的孩子，拿出去埋葬，却让活的人离开家庭呢？这样的行为，不是太笨了吗？"

　　寡妇一听，踌躇不前，暗自想道："这话不错的，人死了，应当拿出去埋葬，可是，叫我怎么拿呢？"

　　想了半天，想不出好办法来。回头进入家中，对死孩子呆望了半晌，忽然灵机一动，大声叫道："有法子了，有法子了！只有这样，才是最好的法子。我再杀死一个孩子，不就可以成担挑出去埋葬了吗？"

　　苦闷成迷的心中，糊里糊涂地，再杀死一个儿子，真的凑成一担，挑到山上去埋葬了。杀死儿子，她不但不后悔，还自以为聪明呢！

　　悲哉！悲哉！世间的人，往往和这寡妇一样，做错事，不想改悔，还企图掩盖事实。当被人发现之后，索性多做些恶事，凑合起来，一同忏悔。想一想，我们会不会这样呢？

父亲悟道

有一天，佛陀在精舍中静坐的时候，有一个人，愁眉苦脸地长跪在佛陀的前面，等待佛陀的开示。不久，佛陀睁开眼来，问道："你有什么事吗？尽管问吧！"

"佛陀！我信了佛法之后，我的父亲非常不赞成，说佛教的戒律太广泛严格，哪能令人全部受持，索性舍弃不要学好了。他这样强词夺理地坚持着自己的见解，我费尽唇舌，他也不听，我怕我的父亲，仍旧流转生死，堕恶道受苦，所以来祈求佛陀度化我的父亲。"

佛陀说道："你的父亲是利根人，只要你们把我说的故事，讲给他听，他就会去邪向正，回迷向悟来。"

"是什么故事？请佛陀指教！"

接着，佛陀开始讲道：

从前，有一个笨人，他在旅途上行走了好几天。炎热的太阳照着他，崎岖坎坷的道路折磨他，他已经走得精疲力竭了。好几天没有水喝，口渴得要命，眼睛现出红丝，浑身几乎焚烧，到处寻找水喝，总不可得。

忽然，看到远处的热雾，以为有水，赶去一看，却又不是。失望之余，终于给他发现一条河流。一看到河水清洁明

澈，滔滔不绝地流着。他不下去喝水，只在河边站立不动，呆呆地望着。

这时候，有个过路人，见了觉得奇怪，就上前问道："你不是口渴吗？为什么找到了水，反而不喝呢？"

笨人拉开嘶哑干涸的喉咙，回答道："你有所不知，这么多的水，我喝得完吗？这么流不尽的水量，我的肚子装得下吗？我索性不喝了，以免消化不了，反而无用。"

过路人听了，哈哈大笑道："真是无知的人，多么可怜呀！"

听了这个故事之后，儿子马上回家告诉父亲。父亲听了恍然觉悟，跟着儿子来到佛陀面前，接受三皈五戒。

不会穿王服

从前，有一个小偷，游闲浪荡，不务正业，专以偷盗为生。天生的狡猾，鬼头鬼脑，使他学得一身好手脚，敏捷快速，神出鬼没，没有一次失败过。

有一次，他因羡慕国王的荣耀富贵，而潜进王宫，企图偷盗国王的衣服，来穿一穿，炫耀荣贵。

这一天晚上，正是黑暗无光的时候，小偷显出他的身手，经过重重难关，进到王宫，把国王的衣服，拿了几件出来，便远远地潜逃了。

第二天，当国王发觉他的衣服被偷盗时，非常愤怒，骂着宫内的人道：“你们这些笨货，好吃懒做。小偷进来也不知道，你们到底在做什么？”骂后，又下令道：“限你们十天以内，要缉捕罪人归案，否则一个个要严办。”

国王的命令，大家不敢怠慢。努力到各处搜查，结果小偷逃不出法网，被官兵逮捕到国王面前来，国王审问道：“我的衣服是你偷的吗？”

“大王！我没有偷，请你明察。”

“胡说！我的衣服明明从你家中搜出来，还要赖吗？”

“这些衣服，不是偷的，而是我的祖父留下来的遗产！”

"什么？你的祖父遗留下来的？你的祖父，做过什么王？什么官？你说！"

"是，是，做过大官的。"

"你把这些衣服穿起来。"

于是，小偷惊慌失措起来，他没穿过这样华贵的衣服，也就不知怎样穿法，迫不得已，胡乱地穿起来，看着国王发傻发呆。

国王看到他本来应当穿在臂上的，他却穿在腿下；应当穿在腰上的，却穿到胸前。国王不觉好笑，判断道："这衣服你都穿错了，可见不是你的，还敢赖吗？如果是你祖父的，你为什么不会穿？这样的衣服，只有王家才有，普通人是没有的。"

小偷无话可答，不得不俯首承认了。

国王把这件有趣的案子，禀告佛陀知道，佛陀就说："大王呀！我的教法，到了末法时候，许多外道，就会窃取佛教的教义，作为他们自己所有。然而，不明白佛法的真义，偷去也不会应用，弄得颠颠倒倒，不伦不类。结果，还是会暴露出他们的真面目。"

国王听了，很为末法的众生忧愁，感叹顶礼而去。

储藏牛乳

穷乡僻壤里住着一个愚痴的农夫，他畜养了一头母牛，到有牛乳时，他心中又是欢喜又是不安。他对这些牛乳，真感觉无法处理。他每见到母牛时，就唏嘘感叹。母牛没有乳时，心中烦恼，生怕牛不生乳；到了有乳时，又不知放在哪里好。

于是，他集中精神想着，忽然像是开悟似的说道："对了，我有这头母乳，怎不骄傲一下？我借此机会，大开筵席款客，把城中相识的朋友请来，以牛乳为乡间的土产风味，款待嘉宾借此也可和都市上的人结交结交，不是很好吗？"

拿定主意后，非常欢喜，即刻准备妥当，往城市里邀请朋友，日落时分，才踏着疲倦的步伐回来。但是，那天晚上，因兴奋过度，不能入睡，在床上翻来覆去做着美丽的梦想，忽然间，他想到一个问题，不禁困惑起来，他想道："算起来，我请的朋友，也真不少。若一人一杯牛乳，所需用的牛乳，也非同小可。如果，我从今天起，每天将牛乳榨取而积起来，也没有许多大瓶子储藏，何况天气渐热，新鲜牛乳多藏几天，不是会发酵了吗？"

横思竖想，没得好办法，忽一转念，蓦地爬起来，自己

说道："有了！有了！不如把我所要榨取的牛乳，就放在母牛的肚子里，待开宴会时，一并来取，那就省事多了。而且可吃新鲜的牛奶，不是再好没有吗？"

想着，以为千妥万当，便又缩进被窝里，微笑地睡着了。

第二天，一清早，农夫赶紧把正在吃奶的小牛牵开，也不每天去挤牛奶，只是每日早晚拿些富于营养的饲料供给母牛，替母牛洗澡，爱护得很周到，希望到时能多挤些牛乳。

盼望着的日期到了，农夫手忙脚乱，准备一切，把家里打扫整理得很干净。自己也换上一件新衣服，在门口接待贵宾。城市的宾客，纷纷到齐了，农夫接待他们入席后说道："谢谢各位不嫌偏僻，光临寒舍，我觉得真高兴。我养了一头母牛，有新美可口的牛乳，特地保藏到今天，才愿意挤取出来，是最新鲜的了。"

说着，牵出母牛来挤奶，哪知乳囊收缩，点滴全无。农夫紧张万分，急出满身大汗来，咒骂道："我把牛奶，每天的份儿，都藏在牛的肚子里，为什么没有了。到底谁偷去了呢？可恶的家伙，将来一定不得好死！"

满座的城市贵宾，听得哄然大笑。有的是捧腹大笑，有的是讥嘲冷讽的笑。弄得农夫欲哭无泪，如哑子吃黄连，有苦难说了。

佛陀说："修学菩萨道，行布施的人，不要等到钱多时，再来行布施做功德，那就错误了。应该抓紧时间，及时来做。否则就会和愚痴的农夫一样，结果一无所得，那是很可惜的。"

建楼的笑话

有一个愚蠢无知的商人，有一天被他的朋友请去宴会。他看见朋友的家里，住的是三层楼，布置得富丽堂皇，华贵无比。心里很是羡慕，暗想道："我辛苦了半生，所集聚的财宝，又不会比我的朋友少。但所住的却是平房。我何不也盖一座楼房，住在上面，舒服舒服呢？"

于是他询问朋友，盖这座楼房要花多少钱？朋友告诉他数目之后，他不觉大吃一惊，说道："要这么多钱，太贵了！太贵了！"

这个商人，是个守财奴，悭吝小气，舍不得花钱，但又贪图享受。回到家里，托腮想了一会儿，欢喜说道："呵！我想出一个好办法来了，朋友盖的这栋房子，一共有三层楼，我何不只盖第三层，第一和第二层可以不盖，这样不就可以省下三分之二的钱了吗？"

主意打定，就开始寻找建筑工人。路上，看见一家营造厂的房屋广告图样，就走进去询问："你们能造三层楼房吗？"

老板应声出来，看见来人是个大肚皮商人，很阔的样子，相信他有钱，连忙请去里面坐，并且拿出很多房屋的蓝图来给他看，商人一字不识，摇摇头道："不用看了，我的眼睛有

点不舒服。看了这些，反而觉得麻烦。我现在领你去看我那位朋友的房子，只要像他的一样，就好了。"

于是，老板跟着他跑到那朋友的房子面前，商人再叮咛道："知道吗？要和这座房子一模一样。要三层呵，记着！我是看过第三层的，真漂亮！真堂皇！"

老板连忙回答道："没有问题，没有问题，不要说三层，我们连十多层的房子都盖过的！"

他们议好每一层的价钱之后，就开始在商人后面的菜园里动起工来。经过一个月的时间，只打了地基，还没有盖好第一层。商人一看，气极了。对包商工人发怒道："岂有此理！你们真慢，开工这么久了，为什么还不把房子盖好？我要你盖的是三层楼房，你为什么不听话，偏要从下面盖第一层？"

"谁盖房子都是从第一层盖起，先要打好地基，然后才能一层一层地往上盖。"

"胡说！我只要三楼，不要一楼二楼。你花了这许多冤枉钱，使我心痛。你们走吧，我要另外找人，不要你盖了！"

"你真愚痴，我从来没有看见过像你这种人。随便你跑到哪里去问，绝对没有盖房子而不打地基的人。"包工也气得连脖子都涨红了。

"什么地基天基，我不懂这一套，不要啰唆了，去你的吧！"

包工和商人，算清了账就气愤地回家了。

此后，商人找遍了城中所有建造房屋的营造厂，谁也没有办法只给他建第三层的楼房。

商人仍然不知觉悟，还怪人说："滚你们的吧！你们都是笨蛋，美观实用的三层楼不会盖，盖下面的一二层，有什么用呢？"

他哈哈地笑起来，以为他很聪明。

有一次，佛陀在祇园精舍中，把这个故事讲给诸比丘听，并且还说道："诸比丘！你们依我的教法修行，不能求快。必须脚踏实地，从戒定慧的基本三学修起。不要妄想立即证果成佛，那就会和愚人造三层楼一样，只求果位，那将永远得不到，并且修行也不会成功。唯有依次求证的人，才是得法的人。"

座中，有一位国王，听了很欢喜，站起来说道："佛陀！我听了你的话之后，希望我能以国王身，再进一步修到现比丘身的果位。然后由比丘身进到罗汉、进到菩萨，而至于佛位，来广度无量无边的众生！"

佛陀点点头微笑了。

同学互殴

在一座城下，有一所坚固的房子，可是里面却空着没人住。据说，因屋里常常有恶鬼出现，所以大家都不敢住在里面。尤其每到黄昏的时候，从那儿经过的人，都要掉头而跑，这间房子简直变成了凶宅。

一天城里有一个人，他不相信真的会有鬼出现。所以在天还没黑的时候，就躲进这间凶屋里。他想等到半夜看看是不是真的有鬼，如果鬼真的出现，他一定要同它打闹。因此在他身边，早就准备好一根木棍。

可在这一天，另外还有一个人，自告奋勇说要去捉鬼。因此在吃过晚饭，等到半夜的时候，独自一个人，手里拿着木棍，就慢慢地走向凶屋来。当他走到门口，心里还有一点怕。可是他握紧手上的木棍自忖着：假若真的鬼出来了，我一定用木棍打得他头破血流。

门外的这个人，镇静一下精神以后，就先用手叩门。其实他早就知道里面根本没有人住，只是想壮壮胆。可是他叩门的声音，被屋内的那一个人听见了，以为是真的鬼来了。因此赶快去抵住门，不让门打开，外面的人也以为鬼在屋里，所以用力地推着门。一个在里面抵，一个在外面推，两者都疑心是鬼在作怪，彼此都很紧张。你推我挡，结果把门弄破了。在黑暗中，他们看不清楚对方的面目，只认为是鬼，所以拿起木棍就打起来，直到天亮的时候，他们才看出，对方原来是同学老朋友。

疑心生暗鬼，没有智慧，把人当做鬼。这世间像这类误会的笑话很多，这不就是愚痴吗？

贪心之害

过去有一个少年妇女，因家庭的富有，吃喝玩乐，随她自由。在物质方面，她的享受确是人人所羡慕，但日子一久，这种奢侈的生活，也使她感到厌烦。如人家所说："饱暖思淫欲"，这个女人就是如此。当她的丈夫出外经商的时候，她却和外面的男人发生了苟且的行为。爱情遮蔽她的理智，她觉得这个男人比自己的丈夫还要可爱得多。因此，乘着丈夫还没有归来的时候，把家中所有的金银细软等物，以及随身的衣服，包了几大包，在没有人注意的时候就溜出家门，和那个男人私奔。本来那个男人是个穷汉，可是他的甜言蜜语说动了她，认为这一来他俩可幸福了。当他们走到河边时，找不到桥，又没看见渡船，想走过去，河水又是那么急流；男人可以游泳过去，河流对他倒无所谓，但安富尊荣惯了的这个妇女，她怎么能过去呢？结果那个男人想出一个办法，对她说道："你把东西交给我，我先送过河，然后再回来背你过去。"

妇人相信他的话，把财物交给他。可是那个穷汉，拿到财宝，就自己渡河，不再回来了。

一句俗语说："痴心女子负心汉。"自己的愚痴，竟受了骗，妇人呆呆地站在河边发愁，感到进退两难。

这时，她忽然看见一头狐狸，嘴里衔着一只飞雁，这只飞雁大概是刚捉到的，被衔在口中还动着翅膀。当狐狸走到河边，看见河里的鱼又肥又大，滑溜溜的，似乎比飞雁好吃，因此贪心的狐狸，即把飞雁放置于岸上，跳入河里想捉鱼。可是一入水，狐狸就站不稳，随水漂流起来。狐狸一看情形不对，不想捉鱼，拼命地逃上岸来，总算保全了生命。狐狸捉不到鱼，想再去寻找飞雁时，飞雁早已不知去向了。

这段情形，站在河边的妇人一一看在眼里，不觉就向狐狸叹道："人家说狐狸很聪明，岂知你也这么傻！既然得到飞雁，怎么又贪心捉鱼？结果两边皆空，连自己的生命也差一点断送掉。"

妇女说这些话，狐狸听了，看看她，好像是在抗议的样子："世间也不止我一个傻，如你，却比我更愚痴。要不然，你也不会站在这个地方忧愁。我失去了飞雁和鱼，但你不要丈夫，取东西和人私奔，你所得到的是什么？你的损失比我更大。"

狐狸的眼神，使妇人自感惭愧、难过。世间上的人，得一望二，结果是一无所有，真太悲哀了。

挖天眼取宝

从前有一位苦心力行的修养家，入山学道，终于功成得了神通。无奈他根基浅薄，我执特强，名心未死，凭着他的天眼，照彻地中一切珍宝，夸奇眩异，轻口告人。人如不信，他就大显神通，证实他说话的灵验和眼力的神妙。

因此一番举动，人人惊骇，曾几何时，声名远播，震动全国。国王闻知，非常狂喜，与近侍商量道："这位陆地神仙，真是国宝，最好使他常住在我国中，不被他国请去。将地下所有珍宝，陆续捡出，充我库藏，使我国在大千世界上做一首大富国！"

当时有一愚蠢的力士，自告奋勇，对国王道："我愿前去，为大王礼聘此人，万一不能马上前来，当另想妙法取来，以慰大王之意。"

国王因为这位力士，素称忠勇，便派他前去。

力士就奉着王命，入深山寻找这位天眼通的人。任他百般说法，力求同去京城，帮助国王致富，那有天眼的人不愿随力士前去。力士便用蛮力，挖了天眼人的双眼，星夜返王城，即捧眼见王说道："天眼已取来，得此可以方便捡取地中无尽宝藏，从此不愁他跑到别国去了。"

此时，国王心中不乐，对力士道："我盼望这神仙常住我国，因为只有他能见地中的一切宝藏。你错了主意，竟毁坏他的眼目，使他成了废人。天眼挖下来，成了废物，尚有何用？"

世人看到山林郊野中刻苦清修的高僧们，非常恭敬地请到家里来供养。不知道这样做会使他不能刻苦用功，甚至毁坏他的善法和戒行，使他不能成就道果。这是在家佛教徒常常会犯的毛病和过失，护法不知法，供养不如法，或以世俗情谊，妨扰出家大德的戒定清修，自他两受其害，过失是很大的。

盲人摸象

　　舍卫城的东门，忽然来了一头大象，这使城里起了骚动，人人都想去看看这头大象到底有多大。民众如看马戏般地，争先恐后地挤得非常热闹。这时候，城里有几个瞎子，他们也想去看看，象到底是什么样子。可是瞎了眼的人，用什么东西看呢？他们认为随身的两只手，是能辨别东西的。

　　当他们走到象的身边时，可好这时候人并不多，所以他们就上去用手摸着，一个摸到象的肚子，一个摸到象的耳朵，一个摸到象的脚，一个摸到象的尾巴，一个摸到象的鼻子。

　　回到家里，众瞎子就讨论起象的样子，摸到耳朵的瞎子就说道："我知道了，象就是像畚箕一样的东西。"

　　摸到象的肚子的瞎子，听了这句话，就急忙说道："不！不！你所摸的并不是象，象就是像墙壁一样，平平的一大片。"

　　"你两个说的都不对。"摸到象尾巴的瞎子说道："象明明是像一条大绳子。"

　　这三个瞎子发表意见以后，第四个发言的是摸到脚的瞎子，他很不以为然地说："你们都是乱猜，象哪里像畚箕、墙壁、绳子。真正的象，就是像一根柱子，圆圆的，高高的。"

最后摸到鼻子的也说道："你们所说的，完全都错了，也许你们摸的并不是象，我知道象的样子，就是像个钩子一样。"

五个瞎子把象说成五种样子，到底谁说的才对呢？他们自以为自己的对，其实都不对。真正象的样子，那唯有用智慧的眼睛，才能看到它的整体，识得它的真相，他们虽然一再争论着，但事情的解决，并不是借争辩能够得到正确的决定。

众生的愚痴，就像盲者摸象，不知世事的本来面目，而各执一说。

不知宝珠

　　过去有一位年轻人，他很好客，喜欢交朋友，和人相处，也极慷慨，因此无论在什么地方，都有他的朋友。本来他是一个大富豪的独生子，家中的财产无数，故不必到外去经商赚钱来维持生活，整天除了陪客访友以外，并无他事。可是很不幸的，大富翁就在儿子二十岁的那一年，与世长辞了。从此以后，年轻人过着孤独的生活。由于他的交游广阔，不善经营财富，父亲死后没有几年，巨大的财产都花光了。到这个时候，他不好意思再留在故乡，因此孑然一身到处流浪。不过由于他过去的交际，所以每到一个地方都有朋友招待，就此辗转各地。因为年轻人的好胜心，不肯常做人家的食客，但身边的存款无几，虽然他已饿了几餐没有吃饭，仍然不敢求其朋友帮忙。最后在忍无可忍的时候，就跑到一位他以前最为知己的朋友家里。久别重逢，旧友相聚，加倍亲密。他的穷相虽然很容易被人识破，然而他尽量隐瞒，不让人知道，不愿接受人家的同情。这天晚上，他们两个畅谈别后的情形，并开怀畅饮，彼此都感叹世情的无常。几年来所闷积在心中的忧虑苦恼，今日能和知友相聚，真是太激动，也太兴奋了。因此他大谈大饮，结果他醉了，醉得人事不知。于是这位朋友便扶他上自己的卧室，安顿他睡在安乐床上而自己却坐在床边。凝视知友的睡容，回想当年，自己流浪他乡，正在走投无路的时候，遇到了这位朋友，受他的帮助。如今自己已经富有，而故友却穷下来。看样子一定是受尽沧桑的痛苦。虽然他一句话也没有提及，可是他的气色大不如前了。我有今天的财产，也是他所赐给。现在全部送给他也是应该的，可是故友的脾气他了解，他有自尊心，一定不肯接受人的施予。于是打开宝箱，拣出一颗又大又亮的大宝珠，秘密地放在友人的衣袋里，因这颗宝珠是无价之宝，可以让他受用不尽的。

第二天，从梦乡醒来的青年人，睁开眼一看，自己睡在一张大象牙床上。想起昨晚的酩酊大醉，感到很惭愧。客居友家，怎么这般随便，因此甚感悔恼。这时朋友已进来了，随后又有一个女仆端来一盆水，他草草梳洗以后，就跟随友人到饭厅吃早餐。一餐丰富的早点，朋友虽然那么殷勤，可是他反而感觉不安，饭后就向知友辞别。朋友一再地挽留，但他的去意甚坚，只好送至大门口。从此，他又过着流浪的生活。一村过一村，一城又一城，时间也随着流水过。这个年轻人，被生活迫得垂头丧气，最后竟从事于苦力或者乞求人家。他只要获得一餐饭，再苦的工作也不辞。

人事是难料的，他真没想到和那位好友别离后的第一二年，在偶然间，竟又能相会。那是在路上，正是他在为人做苦工的当儿，被他的朋友发现了。他奇怪地问道："我的朋友！别后为什么你还是这么穷？记得那天你在我家喝醉了酒

以后，我扶你上床，并且拿了一颗大宝珠放在你的衣袋里，这颗宝珠是无价之宝，够你一辈子受用不尽，难道你遗失了吗？"

经朋友提示，他才伸手摸摸自己的口袋。当他掏出这颗光芒四射的大宝珠时，才感叹地说道：

"愚痴！愚痴！身怀至宝，还在贫穷中受痛苦。为着生计而忙碌，而忧恼，真是大傻瓜！"

以上这个故事，就是说我们人人与生俱来就有大智大富的财宝——佛性。但因自己的愚痴，不知受用，以致穷苦一世。

害人害己

从前有一个愚痴的人，因为他和别人有仇，所以常常要想出方法来报复。可是他怎样也想不出方法，因此抑郁在心，终日不能快乐。有人问他道："你为什么这样抑郁不乐呢？"

他回答道："有一个人常常说我的坏话，所以我心里很气。我想这个仇非报不可，可是我想来想去，都想不出好方法，所以一直都在生气烦恼。"

那人听了，哈哈笑道："这很简单，你只要学持一种秘密的咒语叫昆陀罗咒的，便可以害他致死。不过，持这种咒，有一种毛病，就是持了以后，你自己也要死去，我看你还是不要持吧！免得仇人未害，你自己却先死了。"

不料这个人听了，非常欢喜，说道："请你告诉我这个咒语吧！我报仇心切，只要仇人能死，我自己先死也愿意的。"

于是，这个被嗔恚蒙蔽了心灵的人，就在他的仇人之前先死了。

嗔嫉怨结为害的严重性，往往人未被害，却先害了自己。有些人为了嗔心，不惜毁损身体，他们为嗔恨心所驱使，自害害人，今世后世，沉沦不已。若是多多反省，以慈悲清凉和平的善法来修治身心，使自他同得安乐，才是光明解脱的大道。

只希望剃胡须

从前有一个国王，他有个亲信的侍者。这个侍者平日很忠实，国王非常信任他。因此也惹来许多臣子的嫉妒。

有一次，国王率领军队和敌国交战，国王自己陷入敌阵，正是危急万分的时候，这个侍者不顾自己的生命，奋勇去救，保卫了国王的安全。由于这个功劳，国王更欢喜他。当时国王就对这位侍者说道："你为国家为我，建下很大的功劳，现在你有什么要求，我都可以答应你。"

这个侍者马上跪下来千恩万谢，感谢国王，并且说道："国王！我不要什么，我只希望能给你剃剃胡须。"

国王不觉微笑地说："你真的不希望别的吗？譬如金银财宝，高官封爵等等？"

"国王！我真的喜欢替您剃剃胡须。"

这时候，国王觉得他老实得近于愚痴，只有苦笑地说道："你既然欢喜这样做，我就答应你，满足你的愿望吧！"

于是，这位侍者就得了替国王剃胡须的报答。这事情就传遍出去，大家都笑这人太愚笨。认为当时这个侍者如果要求国王划分一些土地给他治理，或者给他一官半职，国王也一定会答应的，但是这个人却不要这些，只要当这个剃胡须的小差儿，真是太愚笨了。

众生信奉佛法，有的只求人天福报，不知修证无上菩提，这就和只希望替国王剃胡须的侍者一样。

清泉流水

有一个人，他要到远方去做生意，走到中途，他口渴起来，喉咙干燥得要命。当他在万分难过的时候，忽然看到对面的岩石里，有一泓清泉，涓涓流出。且面前的木桶，里面已注满清澈的水，他看了非常欢喜，张开口，大喝起来。

这个人，一下子喝了满肚子的水，觉得不再口渴了，就觉得水和木桶对他是无用的，便举起手对木桶说道："我已经喝好，水呀！你不必再流出来了，我不需要水喝了。"

他虽然这样说，但水依然不停地流。这人感到莫名其妙，就在桶边大怒，企图用叫喊来阻止水流，在旁的人见了，不觉捧腹大笑道："你太愚痴了，你不要它，你自离去就好了，何必定要它不流出来呢？"

这人听了才悻悻地离去。

这告诉我们，世间的人，在生死爱欲中，饮喝着财色名食睡或色声香味触等声色的水。当我们感到痛苦而厌倦的时候，希望这些境界不再来烦扰才好。那时应该收摄六根，从内心用功夫，使自己的心念不去攀缘，不生妄想。若不是这样从内心下功夫，声色的水，是无法阻止的。那就和愚人，要求止水而呐喊一样的徒劳无益了。

没有东西

　　过去有两个人，他们一同在路上走路。忽而看见一个拉车子的人，拉着一辆装满芝麻的车子，正陷入泥沟里不能出来。当时拉车子的人，就对这两个人说道："朋友！请你帮我一下，从后面推我的车子一下，使车子可以拉出这泥沟。"

　　两人回答道："你给我们什么报酬呢？"

　　"我是拉车的人，没有东西可给你们，不过，我心里很感激你们。"

　　当时这两个人就帮助拉车子的人，把陷入泥沟中的车子拉出来了。

　　这两个人又向那拉车子的人讨报酬，说道："拿东西来给我们呀！"

　　拉车子的人就重复说道："没有东西！"

　　可是两人中的一个硬要报酬，说道："快把'没有东西'来给我们！我虽不知什么是'没有东西'，但总应该是一件东西呀！"

　　他这样说着，伸出的手老是不肯收回去，这可把拉车子的人弄糊涂了。这时候，两人中的另一个却明白过来了，微笑着对他的朋友说道："我们走吧，不必多啰唆了。他说'没

有东西'，就已经给我们‘没有东西’了。"

从这个故事里，我们可以意会到空无中的境界，一个说没有东西也应有个没有的东西的。好比虽体念空无，还有一个空无的形相，落到了无所有处的境界中去。另一个能了知没有就没有了，就真正能契入无相的真空。

平分遗产

　　从前，在摩罗国，有一个刹帝利族的人。他患病很重，自知离死期不远，就把两个儿子叫到面前，叮咛他们说道："我死了以后，你们一定要好好地把我遗留的财产平分，千万不可贪心争执，伤了和气。"

　　他说了以后，不久就死了。于是两个儿子就依照他们父亲的遗嘱，把财产平分。可是分来分去总分不平均。兄说弟的财产分得太多，弟说兄分得太不公平。于是，兄弟两人就吵闹起来，相持不下。这时候，有一个外道看了，便走来替他们调解，他对他们说道："我有一个办法，使你们各得满意，你们可把每件东西破作两份，各人拿着一份，那不是顶平均吗？"

　　兄弟两人听了他的话表示同意，就照样去做，把每件衣服剪成两半，并且把锅子、瓶子、碗碟、凳子等等一切家具，不论什么东西都破成两半，甚至把银钱也每个破成两半，这样弄得所有东西都成废物了。

吐痰

过去，在乡下一个地方，有个万贯家财的大富翁，周围的人都奉承他，对他非常恭敬，处处讨好他，可以说对他曲躬谄媚无微不至了。

可是，这个大富翁有个坏习惯，就是常常要吐痰。每次痰吐到地上，左右的人就争着用脚去擦掉。其中有一个人，每次都落后，擦不到地上的痰，因此心里很懊恼，就想道："等痰吐到地上时再去踏擦，我是轮不到了。为什么不当他要吐的时候，就先去踏呢!"

他打定了这个主意后，就在那个富翁咳了一声，正想吐痰的时候，急忙冲开了众人，跑到富翁面前，举起了一脚去踏擦。由于用力过猛，竟把富翁的嘴巴踢破，牙齿也落了下来。当时富翁很气恼，就问那个人说道："你为什么要踢我的嘴巴?"

那个人被富翁一问，低下头说道："我想讨好你，常想用脚擦掉你吐出的痰。可是每当要擦的时候，别人都争先擦了。所以今天在你的痰将要吐出口时，我就举足先踏了。"

富翁听了这话，觉得又好气又好笑。

我们无论做哪件事，都要等待时机，如果时机还未成熟，你勉强去做是不会成功的。既使你做了，反而会生出种种苦恼。因此，每做一件事，应该明白时与非时才好。

水底金影

　　过去有一个愚痴的人，当他走到一个大池的旁边，看见池中水底有一条金链条的时候，他就跳下水去，捏着泥土寻觅，他找来找去找得身体十分疲倦，还是找不到。他就爬上岸来，坐着休息。

　　过了一会儿，池水澄清了，他又看见那条金链条，在水底现出。于是他又跳下水去，再次寻觅，可是寻来寻去，仍然没有寻到。也就又上岸，坐在池边对池中呆望。后来，他的父亲来找他回去吃饭，见他呆在那里，便询问他在那儿呆着做什么，他就回答道："我看见水底有一条金链，可是我两次下水，遍捏水中泥土，都得不到，而我的身体倒因此而疲惫不堪。"

　　他的父亲听说，便向水底看了一会儿，明白那是金链条的影子。他知道金链条一定是在树上，他就对儿子说道："你到树上去找金链条罢。"

　　儿子不明白，就问他的父亲说道："金链条明明是在水中，怎么会在树上呢？"

　　父亲解释道："那在水中的是金链条的影子，金链条是挂在树上的，你上树去找吧，它可能是鸟儿衔来，搁在那里的。"

儿子听了父亲的话，爬上树去，果然得到了一条金链条。

凡夫都在镜花水月虚幻不实的五蕴世法中，把妄见当作真实，妄执有我，逐境流转，舍本逐末，徒劳无所得，就好像在水中找金链条一样。

一场虚惊

从前在乾陀卫国的地方，有一班戏子，因为国内发生饥荒，他们就带了道具行装到外地去演戏。

路上经过婆罗新山，这山素来听说有吃人的罗刹鬼，真不巧，这天因为天色黑了，赶不到市上去投宿，只得在山中过夜。山上多风，这天天气又冷，所以他们就烧起火来，大家就在火旁睡觉。

其中有一个演员，恰巧生了寒热病，他受不住寒冷的威胁，就从道具中，随手拿了一件演戏时穿的衣服穿在身上，而这件衣服恰巧又是戏中扮演罗刹鬼时穿的。他没有觉察，就穿着坐下来烤火。过了一会儿，同伴中有一个从睡梦中醒来，偶然抬头看到火边坐着一个罗刹鬼，竟没有仔细去看，就立刻起来逃跑。这样一来，惊动了大家，都不问情由，跟着逃跑。

那时，穿罗刹鬼戏衣的人，看见大家奔逃，以为出了什么事情，也拼命在大家后面跟着跑。这时候，跑在前面的人，看到后面的罗刹鬼追来了，就格外害怕，于是更加拼命狂奔，不管荆棘和石块，也不管小河和沟壑，都没命地飞跃过去，弄得个个身体都有了创伤，精神十分疲倦。这样一直跑到天亮，才发现后面追的不是鬼，而是自己的同伴，一场虚惊，才告停止。

众生给我见所迷，在虚妄中，庸人自扰，像戏子的虚惊，在我们生活中，哪里没有呢？

答非所问

有两个小孩子，他们同在河畔游玩，忽而他们看到有一把毛，在水上漂浮过来。他们就过去把它捞起来，于是他们为得到这把毛，就在河边争执起来。

一个说，这是仙人的胡须，还有一个说，这是熊身上的毛。这两个小孩子都认为自己是对的，而各说各的理由，谁都不肯让步。

正在争得面红耳赤，握拳要相打的时候，走来一个外道，两个小孩子就上前去请他判断。

可是，这位外道，并不回答他们这个问题，只从他自己的袋里，取出一小撮米和芝麻，放入口中嚼了一会儿，吐到手掌上，给两个小孩子看，对他们说道："呵！我掌中的东西，真像孔雀屎呢！"

这两个孩子都弄得莫名其妙，瞪大眼睛不知所以然。这个外道，可说答非所问。

末法时代，有很多外道，他们不能宣扬宇宙的真理，解释人生的现象，歪曲空谈真理，答非所求，只是蛊惑愚痴的众生。

谎话

　　有一个村庄，村里有人偷得了一头牦牛，全村的人商议把它宰杀吃掉了。这时候，那个失牛的人，跟踪寻到这个村庄来，见到了那些村人，就问他们说道："我的牦牛，是不是在你的村庄里？"

　　偷牛的人，就回答说："我们并没有村庄。"

　　"那么你们村庄有一口池，你们是不是在池边把牛杀了的？"

　　"呵！我们村庄并没有池。"

　　失牛的人又问道："池边不是有一株树吗？"

　　"没有。"他们若无其事地说："那边没有树。"

　　于是失牛的人再问道："你们偷牛，是不是在村庄的东边？"

　　他们仍旧回答说："并没有东边。"

　　失牛的人又问："你们偷牛的时候，不是刚刚正午吗？"

　　"并没有正午。"他们还是这样回答。

　　这时候，失牛的人就威严地说道："依照你们所说，没有村庄，没有池、没有树，或者还可说得通。可是天底下哪里会没有东边，没有正午呢？因此，我知道你们说的是谎话，不可相信，牛一定是你们偷吃了，是不是？"

这些村人听说，知道无可抵赖，只得承认了。

有些修持佛法破戒的人，常企图把罪恶隐藏起来，不肯如法发露忏悔，改过迁善，却常常想假借理由自圆其说，但是结果终掩不了自己所作的罪恶，所以我们要勇于承认自己的过失，恳切地发露忏悔，才能走上佛法的大道。

吃煎饼

有一个愚痴的人，要到远方去做生意，在路上他的干粮被小贼子偷去。因此饿了好几天，肚子饿得实在耐不住时，就到饼店去买煎饼来吃。他一连吃了六个，觉得肚子还是不饱，就再买第七个吃。刚吃到半个的时候，就觉得很饱了。

他摸摸肚子，咧开嘴笑笑。但是，心中又忽而感到很懊悔，就用手打着自己的嘴巴，说道："我是这样愚痴，不知节约。如果早知道最后的半个煎饼能吃饱，那么我只要买这半个煎饼就是了。前头的六个煎饼不是多吃了吗？"

这时候，很多人听到他说的话，都抿嘴而笑。

我们修行正道，你要勤苦修学经历多时，才有证果的一日。不是一夕一旦，就能完成最高圣果的。

凡事要有基础，不是一蹴就可成的！

鬼争东西

过去，在一个荒野中，有两个鬼，他们一起找到三件东西：一件是一只箱子，一件是一根手杖，一件是一只木屐。他们互相争执起来，希望三件东西都归自己所有。他们争得面红耳赤，还打起架来。

恰巧有一个人，路过荒野，看两鬼打架，便走向前问道："这两件东西究竟有什么用处，你们争得这么厉害？"

两鬼回答说："这只箱子，能够变出一切吃的食物，穿的衣服，和晚上睡觉盖的棉被，以及一切资财。这根手杖，你只要拿在手里，一切仇敌都向你归服，不敢抵抗。这只木屐，穿起来就能够飞行，无论要去什么地方，一眨眼的时间就到了。"

这个人听了以后，生了贪心，想要玩弄这两个鬼，便对两鬼说道："你们走开一点，我来给你们公平地分配吧！"

这两个鬼，就信以为真，走到旁边。这个人立刻拿了手杖，抱起箱子，穿上木屐，飞到空中去了。他在空中对两鬼说道："你们现在可以和解了，因为已经没有东西可以争执了。"

两鬼听了非常懊恼，但是都奈何他不得。

人天一切的享用，都从布施禅定持戒而来。布施譬如宝箱，能生一切资财衣物；禅定如宝杖，能降伏烦恼的怨贼；持戒如宝履，清净必生人天道中。两鬼如诸魔外道，他们在有漏法中强求果报，结果是空无所有。

马尾巴

　　过去，有一个人骑了一匹黑马，跟着军队去追击一群强盗。但是他是一个胆小的人，不敢上前去战斗。他只有想出一种法子，就是把血涂在面上，睡在死人堆里，假装斗死了。因此，他所骑的马，就被人夺去了。等到战争结束，他回家去的时候，就把一匹战死的白马的尾巴割下来，带着回去。当他到了家里，人家就问他说道："你为什么不骑马回来？你所骑的马到哪儿去了呢？"

　　他回答道："我的马已战死，你们看，我把马的尾巴割下来带回，留作纪念。"

　　别人又问道："你的马是黑色的，怎么尾巴会变成白色的呢？"

　　这人听了，知道自己的假戏被拆穿了，只好默不作声。

　　欺骗别人，终究要败露的。有一种人内心是无恶不作，而外面诈现善相。他的目的无非是达到骗人自诩的阴谋，可是事实胜于雄辩，骗局免不了要被揭穿的。

冤枉

从前有一个愚痴的国王，听说宫中大臣百官，都在私下纷纷议论，说他不但暴虐，而且不会治理国事。国王听了愤怒非常，立刻下令要拿办这个议论朝政的人，但是一时却查不出究竟是谁说的。后来听信一个奸人的话，把一个贤臣捉来办罪，那刑罚是剥开背脊，割肉一百两。

这位不幸的贤臣，被人诬害后，冤枉地受着酷刑，弄得半活半死，很是凄惨！有几个正义的人，就一起联名证明这个贤臣，并没有毁谤过国王。国王从各方面调查后，证实这个大臣确实没有毁谤他，因而受着良心的谴责，后悔不该冤枉这个贤臣，因此要偿还他的损失，就在他上朝问政的时候，下令以一千两肉去补他的背脊。

受冤枉的大臣，在得了一千两肉以后，仍然呻吟叫唤，非常痛苦。国王听后，觉得奇怪，就上前问道："你为什么还这样痛苦呢？我取你一百两肉，现在已十倍偿还你了，你还不满足吗？"

这个大臣听了，有口难说，痛苦地没有力气回答。旁边的人，就代为回答道："哦，大王呀，假若有人把大王的头割去，然后还给大王一千个头，大王的头还能够再回原位吗？"

国王听了这话，若有所悟，才默默无语。

这件事情告诉我们，一个人做事要谨慎细心，不要鲁莽。否则等到事情做错了，再竭力设法补救，那就和这位愚痴的国王一样，后悔也来不及了，再补救也没有用了。

上楼磨刀

从前，有一个愚痴的人，他家里很是贫穷，有一天被国王征去宫中做很沉重的苦工。他本来长得矮小瘦弱，经过长时间的工作，他的身体渐渐疲劳，弄得面黄肌瘦，弱不禁风。国王看他这种可怜相，心中激起同情心，就赏赐他一只死了的骆驼。

这个愚痴的人，得了死骆驼以后，就运到家中去剥皮。当他要剥皮的时候，在家中找来找去，都找不到一把利刀。不得已才拿了一把钝刀，开始工作，但是任他力气再大也无法割进去。于是他就在家里找寻磨刀石，终于在楼上找到一块。他很高兴，如获至宝，就在楼上开始磨刀，钝刀被他磨了以后，稍微锐利，他就拿到楼下来剥骆驼皮。

这把钝刀，真是太钝，割了几下又钝了。他割不下骆驼皮，又跑上楼去磨刀，磨后再到楼下来割。这样跑上跑下，跑了多次以后，他衰弱的身体，实在支持不住。后来觉得劳累，便想出一个办法，把骆驼吊上楼去，以便一边磨刀，一边割，他看了以后，洋洋得意，自以为聪明，可是众人都笑他笨拙。

烧衣求衣

有一天，王家要娶媳妇，所以在家中张灯结彩，大摆筵席，要请亲朋好友来热闹。在他的亲戚中，有一个很贫穷的老人，碍于亲戚关系，不得不去。但他除了一件粗布短衣外，没有一件比较好的衣服，没奈何把它洗干净，就出门而去。

路上来来往往的人很多，有一个人见到他，就对他道："你的面貌很端正，一定是个贵人的儿子，为什么要穿这样的粗布短衣呢？我现在教你一个办法，只要你能照做，你一定可以得到上等的华丽衣服。我决不欺骗你的，信不信由你！"

贫人听了很欢喜，连忙拱手作揖，口口声声说道："那太好了，我真感谢你，我一定依从你的话。"

于是，这个人就在路旁烧起火来，对贫人说道："现在你把你身上所穿的粗布衣服脱下来，把它投入火中，这粗衣烧掉后，你可在这里等候着，立刻可以得到上等的衣服。"

贫人没有智慧，信以为真，就照着他的话去做。他把所穿的粗布衣服脱下来烧了，可是等了半天，都等不到上等的衣服，至此他才知受骗，懊恼已来不及了。

世间上，不行正法的外道很多，他们用种种邪说蛊惑民众，使愚痴的人，舍身赴岩投火，或妄求奇异，而贻误终生，那是多么可怜啊！

下乡种田

有一个住在城里的人，想要到乡间去从事农业生产。有一天，他特地跑到田野里去参观，看见有一亩田里种着的麦子，长得非常茂盛，就问那个农民是用什么法子能够把麦子种得这样好，那个农民就回答道："这方法很简单，只要把泥土掘松，再加上肥料，如粪水之类，这样就可以有收成了。"

这个人听后，就依法去耕种，他把泥土翻松，划平，再加上粪水，就只差把种子撒下去。这时，他又考虑到下田时，怕自己的脚踏上去和会把泥土踏硬，使那麦子不能好好生长，就又想道："我可坐在一张床上，叫人抬着，自己在上面撒播种子，那就不会把田里的泥土踏硬了。"

于是他雇来四个人，每人擎起床的一脚，抬着他到田里去播种。他就不知道本来两只脚，现在却又变成八只脚，还加上一张床的重量。田里的泥土，就真的被踏得很结实了。

这好比佛法中的福田，应该生出善芽，但修行的人起初非常谨慎，但后来为法所因所执，反而修行不如法了，菩提善芽怎能生长呢？

拖累了别人

从前，有两个人一同走路。一天，经过一片荒野，碰到了两个强盗。这两个人当中的一个人，很快躲藏在草丛里，所幸两个强盗并没有看见他。而另一个人逃避不及，就被劫去了身上穿的一件新衣。

这个被劫的人，原来有一枚金钱藏在那件新衣领里，他就对强盗说道："我愿意以一枚金钱，换回这件衣服怎样？"

强盗问道："你的金钱在哪里呢？"

于是这个人便从那件羊毛线衣的领子里拿出来给强盗看，并且说道："这金钱是真金，你如果不相信的话，那边草丛里便有一个好金匠，你们可以去问他。"

强盗听说草丛里还有人，除了拿去衣服和金钱之外，还把躲藏在草丛里的人拖出来，也把他的衣服剥下来劫去了。

修行的人，做了许许多多的功德，往往为敌不过烦恼习气的劫贼，而丧失了善法，并毁了功德。这不但自己损失其利益，并使许多人也退失了道心。

自我陶醉

从前，有一个住在乡下的青年农夫。有一次，他到城里去游玩，无意中看到国王的女儿，长得非常美丽，可说是世上罕有的。他回来以后，整日整夜都在想念她，可是他想不出好方法能够和她交谈一次。于是他弄得面色憔悴，害起相思病来，倒在床上，病势一天天沉重起来。他的父母和亲戚朋友，为他十分担忧，就问他说道："你究竟为着什么事？生起这样的病来？"

他老实地回答道："我那天看到公主，美丽极了！很想与她交谈，可是不能如愿。因为我日夜想念，忧愁成病，如果不能得到她，我一定会死去的。"

他的亲戚和朋友就安慰他说道："我们当想方法，使你和公主交谈，你可放心，切莫再忧愁了。"

这个青年听了很高兴，过了两天，他的病就好起来。于是他的亲戚朋友就再骗他说道："我们已经替你想了一个方法，但现在公主还没答应。"

他听了以后，竟高兴得笑起来，自己对自己说道："她一定会答应的，我去叫她，她一定就来。"

这个农夫，被美丽的谎言，骗得心花怒放，这虽然是假的，但他并不自觉。

世间的一切，本来都是虚假的，但众生因这些虚假的欺骗，还自以为乐哩！